原典 生きるために大切なこと

A・アドラー 著

桜田直美 訳

Alfred Adler
The Science of Living

方丈社

生きるために大切なこと——目次

1章　生きることの科学

2章　劣等コンプレックスとはなにか

3章 優越コンプレックスとはなにか

4章 ライフスタイル

5章　幼少期の記憶からわかること

6章　態度と体の動きからわかること

7章　夢とその解釈

8章　問題を抱えた子供と教育

9章　社会に適応するということ

10章　共同体感覚、コモンセンス、劣等コンプレックス

11章　恋愛と結婚

1章

生きることの科学

人生の目標を知るために

偉大な哲学者のウィリアム・ジェームズによると、人生と直接関係のある科学だけが本物の科学であるという。別の言葉で表現すれば、人生と直接関係のある科学においては、理論と実践はほぼ不可分になるとも言えるだろう。つまり人生の科学は、まさに人生の動きに即して形作られているために、生きることの科学になるのだ。

この考え方は、個人心理学の科学にも当てはまる。個人心理学とは、一人の人間の人生を全体的にとらえようとする学問であり、その人のすべての反応、動き、衝動の中に、人生への態度が正確に表れていると考える。そのような科学は、必然的に実際的な科学から生まれることになるだろう。

知識の助けを借りれば、人間の態度を変えることができるのだ。そのために、個人心理学は二つの意味で「予言的」であると言える。これから起こることを予言するだけでなく、預言者ヨナと同じように、ある出来事を予言することで、それが起こらないようにするのである。

個人心理学の科学は、人生を動かす謎の力を理解しようとする試みから発達した。それは成長しようとする力であり、ある方向で敗北を経験すると、また別の方向で成功を目指す原動力にもなる。これは「目的論」的な力だ。目標を目指して努力しているときに現れる力であり、その努力のなかで、すべての肉体と精神の動きは協力させられることになる。そのため、その人の全体像を無視しながら、ただ体の動きと精神の状態だけを抽象的に研究するのは無意味であると言えるだろう。たとえば犯罪心理学で、犯罪者よりも犯罪のほうばかりに注目するのと同じくらい無意味なことだ。ここで問題になるのは、犯罪そのものではなく、それを犯した人間のほうだ。

犯罪的な行動についてどんなに深く考えたところで、ある人物の人生で起こった出来事であるという視点を欠いていたら、行動の犯罪性を理解することはできないだろう。その行動自体は、状況によっては犯罪になるかもしれないし、またはならないかもしれない。ここで大切なのは、個人という文脈のなかで考えることだ。その人物は、自分の人生の目的に従ってすべての行動を選んでいる。目的を知れば、それぞれの行動の裏にある隠された意味が理解できるようになる。つまり、すべての行動を、全体を構成する部分として解釈するということだ。それと同じように、全体のことを念頭におきながらそれぞれの部分を検証すると、全体像がよりはっきりと見えるようになる。

目標は子供時代に形作られる

筆者自身が心理学に興味を持ったのは、医師としての経験がきっかけだった。医師として働くことで、心理学的な事実を理解するのに必要な、目的論的な視点を手に入れることができた。医療の世界では、すべての器官がある特定の目標に向かって発達すると考える。そして完成形になった器官は、それぞれ独自の形を手に入れる。さらには、器官に何らかの欠陥がある場合は、その欠陥を補うような働きが自然に備わったり、または他の器官が欠陥のある器官の代わりを果たそうとしたりする。命はつねに継続を目指す。そして生命の力は、外側の力に何の抵抗もせずに屈することは絶対にない。

精神の働きも、このような器官の働きによく似ている。どんな精神にも目標や理想とする状態があり、現状を超えてそこに到達しようとする。未来に明確な目標を持つことで、現状の欠陥や問題を乗り越えようとするのだ。この明確な目標があるおかげで、自分は現状よりも優れた存在であると感じることができる。目指すものがない状態では、どんな行動も意味を持たなくなってしまうだろう。

この明確な目標は、人生の早い段階、すなわち子供の人格形成期から形作られている。

幼児期に形成が始まる人格は、大人になってからの成熟した人格の原型になる。子供はまだ弱い存在で、自信がなく、周りの厳しい環境に耐えられなくなる。そこで、もっと成長しようと努力する。ただ成長するのではなく、自分で決めた目標に向かって成長するのだ。この段階では、具体的にどんな手段で成長するかということよりも、目標そのもののほうが重要になる。子供がどうやってこの目標を決めているかはわからないが、ともかく目標が存在することは明らかであり、その目標が子供のすべての動きを支配していることも間違いない。この成長の初期段階はまだわからないことが多く、その力や衝動、動機、何ができて、何ができないのかといったことは謎に包まれている。ある子供が目指す方向を決めるのは、まず人生の目標を確立してからだ。そして人は、人生の方向性がわかって初めて、この先どんなステップを取るべきかがわかる。

間違いは修正できる

子供時代に目標が生まれ、人格の原型が形成されると、人生の方向性も決まり、その人物の個性もはっきりしてくる。そのおかげで、将来の人生も予想できるようになるのだ。そしてそれ以降は、人は人生の方向性に沿って出来事を解釈するようになる。そうなった子供は、状況をありのままに解釈することはなく、自分の中にある枠組みに当てはめて解釈する。つまり、自分の関心という先入観に従って解釈するということだ。

この問題に関係するおもしろい事実がある。器官に欠陥のある子供は、すべての経験を、その欠陥のある器官と関連づけて解釈するのだ。たとえば、胃に問題のある子供は食べることに対して異常な興味を持ち、目に問題のある子供は目で見えるものにこだわりがある。この種のこだわりは、先に述べた独自の解釈の枠組みから生まれている。そのため、子供の興味の対象を見極めたいのなら、欠陥のある器官を見つけるだけでいいと言えるかもしれないが、現実はそこまで単純ではない。その子供は、自分の器官の欠陥を、周りの観察者の予想通りに経験していないかもしれない。自分なりの解釈の枠組みのなかで、違った体験をしているかもしれない。そのため、たしかに子供の解釈の枠組みを知るうえで、器官の欠陥は一つのヒントになり得るが、外側からその欠陥を観察した結果だけでは正確に知ることはできないのだ。

子供は物事を相対的に解釈している。その点については私たちと変わらない。どんな人であっても、絶対的な真実を知ることはできない。たとえ科学であってもそれは同じだ。科学はむしろ常識を土台にしており、そのためにつねに変化し、大きな間違いが修正されても、ただ小さな間違いに姿を変えるだけだ。私たちはみな間違える。しかしここで大切なのは、間違いは修正できるということだ。そして修正するなら、早い段階のほうがいい。人格形成期の子供時代に修正できないと、後になってからその間違いが生まれた状況を再現し、そのうえで修正しなければならなくなる。そのため、神経症の患者を治療するなら、医師が目指すのは、その時点で発生している問題を修正するのではなく、人格形成期までさかのぼり、そこでの決定的な間違いを発見することだ。根本的な問題が発見できれば、適切な治療で修正することができる。

これまで見てきたように、個人心理学の理論で考えれば、いわゆる「持って生まれたもの」はそれほど大きな意味を持たない。大切なのは、その持って生まれたものを、子供時代にどのように扱うかということだ。つまり、子供時代に形成される人格の原型のことである。先天的に器官に欠陥があるなら、もちろん遺伝が原因になる。しかしその場合は、ただその子の問題を取り除き、良好な環境においてあげればいいだけだ。実際のところ、問題がはっきりしていて、対処法もわかっているという点において、むしろ有利な状況だとも言えるだろう。健康で、生まれつき器官の欠陥のない子供でも、栄養失調や、その他の生育環境の問題によって、むしろもっと大きな問題を抱えるようになるということもよくある。

不完全な器官を持って生まれた子供の場合は、精神状態がことさらに重要になる。それらの子供はより難しい状況におかれているために、過度な劣等意識を持ちやすくなるからだ。人格の原型が形成される時期になると、彼らはすでに他者よりも自分に興味を持つようになっていて、その傾向は大人になってからも続くことになる。人格形成期に間違いが起こるのは、器官の欠陥だけが原因ではない。他の状況でも、同じような間違いが起こることがある。たとえば、過度に甘やかされる、または親に愛されないといったケースだ。生まれつき病気を持っている、過度に甘やかされる、愛されないという三つのケースは、子供にとって特によくないとされる環境であり、それぞれ具体例を交えながら後でまた詳しく見ていく。今のところは、このような環境で育った子供は欠陥を抱えていて、真の自立を身につけられなかったために、つねに攻撃を恐れるようになるとだけ言っておこう。

共同体感覚はなぜ必要なのか

個人心理学を学ぶには、何よりもまず「共同体感覚」という概念を理解する必要がある。これは私たちの教育と治療において、もっとも大切なものだからだ。勇気があり、自信があり、世界に自分の居場所がある人だけが、人生のいいことと悪いことの両方を生かすことができる。彼らは決して恐れない。人生には困難があることを受け入れていて、自分にはそれを乗り越える力があることを知っている。人生のあらゆる問題に対して覚悟ができている。その問題は、いつも決まって社会的な問題である。人間であるなら、社会の中で生きる態度を身につけなければならない。

先に述べた、問題を抱える三つのタイプの子供は、共同体感覚を身につけるのに苦労することになる。精神が適切に発達せず、人生で必要なことを達成したり、困難を解決したりといったことができない大人になる。最初から敗北感にうちひしがれ、人生の問題への対処を誤り、人生の無益な側面に向かってしまう。私たち心理学者がそのような患者を治療するときは、生きるうえで有益な態度を身につけさせ、人生や社会全般に対して前向きな態度を持たせることを目指すことになる。

共同体感覚が欠けているということは、人生の無益な側面に身を置いているということだ。共同体感覚を持たない人は、子供のころは問題児のグループに入り、大人になってからは犯罪者や精神異常者になったり、アルコールの問題を抱えたりする。そんなとき私たち心理学者は、彼らが有益な態度を身につけ、他者に関心を持つようになる方法を見つけなければならない。そう考えると、私たちが唱える「個人心理学」は、ある意味で「社会心理学」であるとも言えるかもしれない。

手がかりを見つける

共同体感覚の次に取り組むべき課題は、個人が発達の過程で直面する困難を発見することだ。一見すると、この課題のほうが難しそうに思えるかもしれないが、実際はそれほど複雑ではない。誰でも知っているように、甘やかされた子供は周囲から嫌われるようになる。そして私たちの文化では、社会も家庭も永遠に甘やかすようなことはしない。甘やかされた子供は、早い段階で人生の問題に直面するだろう。学校に上がって新しい社会に触れると、新しい社会的な問題が生まれる。甘やかされた子供は、勉強をしたくないかもしれないし、同級生と一緒に遊びたくないかもしれない。それまでの人生で、学校という共同体で暮らす訓練を受けてこなかったからだ。実際その子は、人格の原型が形成される幼児期の経験によって、学校生活のような状況を恐れるようになり、さらに甘えるようになる。そういった性格は生まれつきではない。その子の人格の原型と、人生の目的から、推論することができるからだ。ある特定の性格によって人生の目的が決まっているために、それ以外の目的を持つような性格になることは不可能だ。

そこで、この「生きることの科学」における次のステップは、感情を研究することになる。目的から生まれた人生の方向性は、個人の性格、物理的な行動、表現、その他の外に現れた症状に影響を与えるだけでなく、感情面も支配することになる。人間というのはおもしろいことに、いつでも自分の態度を、感情を言い訳にして正当化しようとする。そのため、いい仕事がしたいと思っている人は、その考えに感情面のすべてを支配されることになる。ある人物の感情と、その人のタスクに対する考え方は、いつでも一致すると考えてまず間違いはないだろう。感情によって、行動への傾向がさらに強化されるのだ。たとえ感情がなくても、ある行動を取ることは変わらない。感情は単に、行動に付随しているだけなのだ。

この事実は、眠っているときに見る「夢」のなかにはっきりと見ることができる。夢の目的を発見したことは、おそらく個人心理学におけるもっとも新しい功績といえるだろう。もちろん、どんな夢にも目的はあるが、それがはっきりと理解されるようになったのは最近のことだ。夢の目的とは、具体的ではなく一般的に表現するなら、感情や情動にある特定の動きをもたらすことであり、今度は逆にその感情や情動がさらに夢を推し進めることになる。「夢はいつでもあざむく」と昔から言われているが、これはなかなか興味深い言葉だ。私たちは、「自分はこんなふうになりたい」と夢を見る。起きている時間の行動に備えて、夢の中でリハーサルをしていると言っていいだろう——ただしこれは、実際に本番を迎えることはないかもしれないリハーサルだ。そう考えると、夢はたしかにあざむいている。感情が生んだ想像によって、実際に行動することなく、行動のスリルを味わっているのだ。

このような夢の特徴は、起きている時間のなかにも見つけることができる。人間はいつでも、自分の感情を偽ろうとする。自分自身を説得し、四歳か五歳のころに形成された人格の原型に従って生きる道を選ぼうとする。

幼少期にできあがる人格の原型

そこでここからは、この人格の原型を分析していこう。前にも見たように、原型は四歳か五歳にはすでにできあがっているので、それ以前に子供が経験したことを見ていく必要がある。何を経験するかは、子供によって実にさまざまだ。大人が考えるよりもずっと多様性がある。大きな影響を与える経験の一つは、父親か母親による厳しすぎるしつけ、または虐待によって、精神が抑圧されるというものだろう。これを経験した子供は、精神の解放を求めるようになり、それがときには心理的排除という形になって表れる。そのため、すぐに激昂する父親を持った女の子は、男性を拒絶するような性格の原型が作られるのだ。または、厳しい母親に抑圧されてきた男の子は、女性を拒絶するようになるだろう。もちろん、この「拒絶する」という態度は、さまざまな形で表に現れる。たとえば、極端に内気になるかもしれないし、異常な性行動を取るようになるかもしれない（これもまた、異性を拒絶するという態度の一形態だ）。このような倒錯は、生まれつきではなく、幼少期の環境から生まれたものだ。

幼少期に間違った扱いを受けた子供は、その後の人生で大きな苦労をすることになる。それなのに、その子が何らかの治療や指導を受けられることはめったにない。両親は子供の問題に気づいていないし、問題を子供に伝えることもないので、その子は性格の原型で決まった方向性に従って生きなければならない。

なぜ兄と弟は違うのか

おもしろいことに、まったく同じ状況で育つ子供はこの世に二人といない。たとえ同じ家庭であっても、子供を取り巻く雰囲気はそれぞれでまったく違うだろう。そのため、最初に生まれた子供は、二人目以降の子供と違い、一種独特の環境で育つことになる。最初の子供は、他にまだ子供がいないために、家族の注目を一身に集めることができる。そこに二人目が生まれると、上の子は王座から降ろされたような失望を味わい、環境の変化に不満を持つようになる。上の子にとっては、このように権力を奪われるのは大きな悲劇だ。この悲劇が上の子の人格形成に影響を与え、大人になってからの性格に影響を与えることになる。実際のところ、過去の事例を見ると、そのような子供はたいてい人生で苦労するようだ。

家庭内での生育環境の違いについては、男の子と女の子で扱いが違うという例もある。よく見られるのは、男の子を過大評価し、女の子は人生で何も達成できないかのように扱うという育て方だ。そうやって育てられた女の子は、自分に自信が持てず、何事にも挑戦できなくなる。何かを達成するには男でなければならないと思い込み、何に対しても尻込みしてしまう。

二番目の子供にも、独自の特徴がある。最初の子供と大きく違う点は、すでに子供がいる環境に生まれるということだ。そのため、上の子をペースメーカーにして進んで行くことができる。たいていの場合、二番目の子はペースメーカーを追い越すことになる。その原因を探るとするなら、上の子はいきなり現れた競争相手を嫌がり、その不機嫌が家族内での地位に影響を与えるからという答えに行き着くだろう。上の子は競争を恐れ、そして恐れるために効果的に戦えない。両親からの評価もどんどん下がり、二番目の子供ばかりがかわいがられるようになる。一方で二番目の子は、生まれたときからペースメーカーがいるために、競争するのが当たり前の状態だ。二番目の子は、家庭内でのこの独特の位置づけに影響を受けて、人格を形成していくことになる。反抗的で、権威を尊重しない性格になるだろう。

歴史や伝説をひもとくと、このような「強い末っ子」がたくさん登場する。たとえば旧約聖書のヨセフがそうだろう。彼はいつでも他人に勝とうとするタイプだ。実際のところ彼は末っ子ではなく、家を出てだいぶたってから弟が生まれているが、その事実で彼の性格が変わることはない。ヨセフはいつでも末っ子の立場だ。また、おとぎ話の世界でも、主役になるのはたいてい末っ子だ。そのような性格は幼少期にすでに形作られ、本人が自覚しないかぎり変えることはできない。子供を更正させたいのなら、まず幼少期の体験を本人に理解させなければならない。人格の原型に誤りがあるために、人生全般で悪い影響を受けているということを、本人が自覚しなければならないのだ。

過去の記憶からわかること

人格の原型を理解し、そこからその人物の本質を見極めるには、過去の記憶を分析するのが有効な方法だ。これまでの研究を総合したところ、過去の記憶と人格の原型の間に大きな関係があることは間違いない。ここで、器官に欠陥がある子供を例に考えてみよう。たとえば胃が悪い子供の場合、その子に何かを見た記憶、または何かを聞いた記憶があるのなら、それはおそらく食べ物にまつわる記憶だ。または左利きの子供なら、左利きであるという事実が人格形成に影響を与える。母親に甘やかされたという子もいるだろうし、弟か妹が生まれたという子や、よく父親に殴られたという子、学校でいじめられたという子もいるだろう。以上のような情報にはとても大きな意味があり、その意味を読み取る技術を学ぶ必要がある。

子供の過去の記憶を理解するには、かなり高度な共感力が必要になる。子供と同じ立場で向き合うことが大切だ。そのような共感力があって初めて、下の子が生まれる、父親から暴力を受けるといった体験が子供に与える影響を、きちんと理解できるようになる。

子供の人格形成について、もう一つ重要なことを指摘しておきたい。罰を与える、叱責する、お説教をするという方法は、子供にとって得るものは何もない。どこを変える必要があるのかということを、大人も子供もわかっていないのなら、いくら叱っても何も達成できないのだ。なぜ叱られるのか理解できない子供は、ずるがしこくなり、臆病になる。その子の人格の原型は、罰や叱責では変えることはできない。その子の中ですでに解釈の枠組みができあがっていて、罰や叱責といった人生の経験は、すべてその枠組みを通して解釈されるからだ。まずは根底にある人格を理解しないと、何も変えることはできないのである。

問題を抱えた子供の家庭を観察すると、たとえ家族がみな知性を備えていても（つまり、こちらの質問を理解し、正しく答えることができたとしても）、彼らの中に根深い劣等感を見ることができる。もちろん、知性とコモンセンス（訳注）は必ずしも同じものではない。そういう家庭の子供は、神経症の患者とよく似た精神状態になる。たとえば強迫神経症の患者は、無意味だとわかっていながら、それでも窓の数をかぞえてしまったりする。社会にとって役に立つ存在であろうとする人は、絶対にこういうことはしない。また、精神を病んでいる人のもう一つの特徴は、自分にしかわからない考え方や言葉があるということだ。彼らは絶対にコモンセンスの言語では話さず、そしてコモンセンスの言語は共同体感覚の象徴である。

訳注　アドラー心理学における「コモンセンス」とは、共同体で共有される普遍的な価値観や考え方のこと。共通感覚。

コモンセンスという知恵

コモンセンスによる判断と、個人的な判断を比較すると、たいていはコモンセンスによる判断のほうが正しい。私たちはコモンセンスによって、いいことと悪いことを区別する。よく間違ってしまうような複雑な状況でも、コモンセンスに従って行動していれば間違いは自然と正されていく。しかし、個人的な判断で行動する人は、他の人と比べていいことと悪いことの判断を間違えることが多い。しかも周りの人たちも、その人の行動を見るだけで、善悪の区別がつかないことが容易に想像できる。

たとえば、犯罪について考えてみよう。犯罪者に、自分の知性や理解力、犯罪の動機について尋ねてみると、たいてい自分のしたことは賢くて英雄的だと考えていることがわかる。この犯罪によって、自分が優位に立ったと信じている。つまり、警察を出し抜き、他の人たちよりも優れていると証明されたということだ。自分では英雄になったつもりなので、自分の行動に何か問題があり、英雄とはほど遠いとは夢にも思わない。彼らは共同体感覚が欠けているために無益な行動を取り、勇気があるのではなくむしろ臆病なのだが、本人はそれに気づいていない。人生の無益な側面に向かう人は、たいてい暗闇と孤独を恐れる。誰かと一緒にいたいと思っている。これはまさに臆病な態度だ。実際のところ、犯罪を防止したいのなら、犯罪は臆病な行動だという考え方を浸透させるのがいちばんだろう。

犯罪者の中には、三〇歳になるころには足を洗い、結婚し、仕事を持ち、やがて善良な市民になる人もいることはよく知られている。彼らはどうして変わったのだろうか。強盗犯を例に考えてみよう。三〇歳にもなれば、二〇歳の強盗に仕事を奪われるようになる。若いほうが賢く、体力もあるからだ。それに加えて、いつまでも若いころと同じ暮らしはできなくなるだろう。その結果、犯罪という職業は割に合わなくなり、引退を選ぶことになる。

もう一つ覚えておきたいのは、刑を重くすると、犯罪者はかえって「自分は英雄だ」という確信を深める結果になるということだ。犯罪者は、きわめて自己中心的な世界観で生きているということを忘れてはならない。真の勇気、自信、共同体感覚が存在せず、共通の価値をまったく理解していない世界だ。そのような人物が社会に参加することは不可能である。神経症の患者が、自分で何かのグループを作ることはめったにない。広場恐怖症、または精神を病んでいる人間が、そんなことをするのは不可能だ。問題のある子供、または大人で自殺をした人は、誰かと友達になることは絶対にない――これは事実であるが、理由は不明とされてきた。しかし、理由はある。彼らに友達がいないのは、幼児期の人格形成において、自己中心的な傾向が作られたからだ。間違った目標を定め、その結果、人生の無益な道を進むことになってしまった。

教育と訓練のプログラム

ここからは、個人心理学が提供している教育と訓練のプログラムについて見ていこう。対象となるのは、神経症の子供、犯罪者、アルコールの問題を抱えている人、または人生の有益な面から外れたいと思っている人たちだ。

そのような人の問題を理解するために、まずは問題行動のきっかけを尋ねることから始める。相手はたいてい最近の出来事をきっかけにあげるだろうが、それは間違いだ。それ以前からその人はすでに問題のある状態で、きっかけとされる出来事を受け止める準備ができていなかったからだ。物事がうまくいっているときは、人格の原型に誤りがあっても隠れている。そして新しい状況が現れるたびに、人格の原型によって決められた解釈の枠組みに従って、その状況に対処していくことになる。そこでのこの人物の行動は、ただの反応ではない。創造的であり、本人の目標とも一致している。この目標は、生涯を通してその人を支配することになる。個人心理学の研究を始めた当初から、遺伝の要素と、孤立した事例であるという可能性は、排除してかまわないということは明らかになっている。ある経験にどのように反応するかは、人格の原型から生まれた解釈の枠組みによって決まっているのだ。だから何らかの治療の成果を上げたいのなら、この解釈の枠組みに取り組まなくてはならない。

目的を理解する

以上が個人心理学の考え方であり、二五年にわたる研究の成果である。もうおわかりのように、個人心理学は長い時間をかけて新しい方向を目指してきた。世の中には、たくさんの種類の心理学や精神医学が存在する。考え方は心理学者によってさまざまであり、誰もが自分が正しくて他が間違っていると信じている。もしかしたら読者であるあなた自身も、自分の信念や思い込みに頼らないほうがいいかもしれない。いろいろな考え方を比べてみよう。たとえば私たちは、ウィリアム・マクドゥーガルが提唱するような「本能の心理学」には同意しない。なぜなら、本能はほぼ遺伝で決まるとしているからだ。私たちは遺伝にそこまで大きな役割は認めない。同じように、行動主義者が提唱する「条件づけ」

や「反応」という考え方にも同意しない。ある個人の運命や人格を、「衝動」や「反応」で決めるのは無意味だからだ。むしろ、その人を突き動かしている「目的」を理解しなければならない。本能の心理学も、行動主義も、個人の目的を考慮していないのだ。

たしかに、「目的」という言葉では意味が漠然としているかもしれない。ここでもっと具体的にする必要があるだろう。結局のところ、目的を持つとは、神のようになりたいと思うことだ。しかし、神のようになるのは究極の目的である。目的の中の目的とも言えるだろう。教育者は、自分が神を目指すときも、子供に神を目指すように指導するときも、注意しなければならない。実際のところ、発達段階にある子供は、もっと具体的で身近な目標を持っている。身の回りでいちばん強い人を見つけ、その人のようになろうとするのだ。それは父親かもしれないし、または母親かもしれない。たとえ男の子でも、周りで母親がいちばん強いなら、自分も母親のようになろうとする。もう少し大きくなり、御者がいちばん強いと思ったら、今度は御者になりたがるかもしれない。

御者を目標にすると決めた子供は、御者のようにふるまい、御者のような服を着る。とにかく何から何まで御者の真似をしようとする。しかし、そこに警察官が現れると、御者はもう過去の存在だ。それからも、医者が目標になるかもしれないし、教師が目標になるかもしれない。教師は生徒に罰を与えることができるので、強い人として敬意の対象になるからだ。

子供は自分の目標を選ぶときに、お手本にする存在を決めることができる。そして誰をお手本にするかによって、その子の社会性を測ることができるだろう。たとえば、将来なりたいものを尋ねられた男の子が、「死刑執行人になりたい」と答えたなら、その子には共同体感覚が欠けていると考えられる。その子は、生と死を支配したいと思っている――つまり神の役割だ。その男の子は、社会よりも強い存在になりたいと思っていて、そのために人生の無益な側面に向かうことになる。医者になりたいという目標も、生と死を支配するという意味では神を目指すことに似ているが、この目標は社会貢献を通じて実現することができる。

2章

劣等コンプレックスとはなにか

劣等感は無意識のなかにある

個人心理学においては、「意識」と「無意識」を区別するのは間違いだと考えている。意識と無意識は同じ方向を目指して動いていて、お互いに矛盾することはない。この二つは別々のものではないのだ。ただその意図がわかっているかどうかという違いがあるにすぎない。どれが意識で、どれが無意識かということは、その人の人格の原型が明らかになるまではわからない。人格の原型とは、前の章でも見たように、その人の人生のパターンのことだ。

過去の事例を見ても、意識と無意識の間には密接な関係があることがわかる。たとえば、四〇歳で既婚の男性がいるとしよう。彼はある不安を抱えている――窓から飛び降りたくてたまらなくなるという不安だ。彼は昔からこの不安と戦ってきたが、それ以外はまったく問題のない生活を送っている。友達がいて、仕事も順調で、妻との関係も良好だ。一見すると説明のつかない状態だが、意識と無意識の関係を考えれば答えが見えてくるかもしれない。彼の顕在意識は、窓から飛び降りなければならないと感じている。それでも彼は生きていて、実際は窓から飛び降りようとしたことさえない。なぜそうなるかというと、彼にはもう一つの人生があるからだ。そしてもう一つの人生では、自殺願望と戦うということが重要な役割を果たしている。窓から飛び降りたいという意識と、その願望を抑えようとする意識の戦いで、彼は勝利を収めている。つまり彼の「ライフスタイル」（この言葉については後で詳しく説明する）において、彼は勝者であり、「優越する」という目的を達成しているのだ。ここで読者は疑問に思うかもしれない――この男性は自殺願望を持っているのに、なぜ自分を勝者などと思うのか、と。それは、彼という存在の中に、自殺願望と戦っている何かがあるからだ。彼はその戦いに勝ち、その結果として自分を優れた存在だと考える。客観的に見れば、優越を目指す戦いの裏には、彼自身の弱さがある。これは何らかの劣等感を抱える人にはよくあることだ。しかし、ここで大切なのは、彼の中に存在する優越を目指す戦いにおいて、生きることと勝つことを目指す意志が劣等感に勝ち、自殺願望が抑えられているということだ。たしかに、自殺願望は顕在意識の中にあり、劣等感は無意識の中に存在するが、無意識の中の勝利が重要なのである。

それではここで、この男性の人格形成が、個人心理学の理論で説明できるか見てみよう。まずは彼の子供時代の記憶を分析する。話を聞いたところ、彼は学校で問題を抱えていた。同級生の少年たちが嫌いで、逃げ出したいと思っていた。それでもなんとか力をかき集め、同級生から逃げず、学校にとどまっていた。この記憶を見るだけでも、彼が幼いころから自分の弱さと戦ってきたことがわかるだろう。彼は問題から逃げず、問題を征服したのだ。

この男性の性格を分析すると、彼の人生の目的は、恐怖と不安に打ち勝つことだとわかる。彼の意識と無意識がこの目的に従って協力し、同盟を結んでいるのだ。この意識と無意識の同盟を信じない人から見れば、この男性は自殺願望という問題を抱えているだけで、どこにも勝利や優越はないと思われるかもしれない。ただ戦って勝ちたいと思っているだけで、根本的には臆病な人物に見えるかもしれない。しかし、そういう見方は間違っている。このケースに関するすべての事実を考慮に入れておらず、その人の全体像を無視して解釈しているからだ。人間はすべての要素が組み合わさって一つの人格となると考えないのであれば、個人の全体を理解しようとするこの心理学も、まったく無意味になってしまうだろう。人間には二つの面があり、それぞれ互いに無関係であると考えるなら、一つの全体として人間の人生をとらえるのは不可能だ。

一人では生きられない

すべてが組み合わさって一つの人生だと考えるなら、社会との関わりという要素も忘れてはいけない。たとえば、最初に生まれた子供は弱く、その弱さゆえに周りの人から世話を焼いてもらえる。その子供の性格を分析するなら、その子の世話をする存在、その子の弱点をカバーしてくれる存在のことも考慮しなければならない。ただその子だけを見ていたら、その子の母親との関係や、家族との関係を、正確に理解することはできないだろう。子供の個性は、その子の肉体の中にだけ存在するのではない。その子を取り巻く社会という文脈の中で考える必要がある。

これと同じことは、子供だけでなく、人間全体にもある程度まで当てはまる。家族の中での立ち位置を決めていた弱さは、そのまま社会の中での立ち位置を決める弱さにもなるからだ。どんな人でも、自分が無力に感じる状況はある。困難を前にして立ち往生し、自分一人では乗り越えることができないと感じる。そこで人間は、集団を作るという方法で困難に立ち向かおうとしてきた。孤立した個人ではなく、社会の一員として生きるのである。社会の中で生きているおかげで、人は自分の無力感や劣等感を乗り越えることができるのだ。それは動物でも同じだ。弱い種族はいつも集団で行動し、集団の力で困難を克服することを目指している。たとえばバッファローの群れは、そうやって狼から身を守っている。一頭のバッファローでは狼にやられてしまうだろうが、群れになれば狼と互角に戦えるかもしれない。その一方で、ゴリラ、ライオン、トラなどの動物は群れにならない。

なぜなら、自分の身を守る力を生まれながらに持っているからだ。人間は、それらの動物のような強さは備えていない。鋭い爪も、鋭い歯もなく、一人で生きていくことはできない。人間が社会を形成するようになったのは、一人では生きられない弱さが原因だ。

足りないものを補う力

社会を構成する人間を個別に見れば、能力はそれぞれで違っている。しかし、正しく機能している社会では、個人の能力の足りない部分をお互いに補っているものだ。これは大切なことだ。なぜなら、そうでなければ、すべての人間が生まれ持った能力だけで判断されることになってしまうからだ。実際は、ある分野の能力が劣っていても、正しく機能する社会で生きているのなら、その不足を十分に補うことができる。

ここで、能力不足や弱点は、すべて生まれつきであると考えるとしよう。そうなると、心理学の目的は、能力不足を補うために他者と協調して生きられるよう、個人を訓練することになる。これが社会の成り立ちであり、自分に足りない部分を克服するためにみんなで協力し合っている。言語を生み出したのは社会だということは誰もが知っているが、実はその社会を生み出したのが、それぞれの個人が抱える弱点だったのである。これが事実であることは、子供の行動を観察すればわかるだろう。子供は自分の欲求が満たされないと、周りの気を引こうとする。そして気を引く方法は、何らかの言語を使うことだ。ここで子供が気を引く必要がなかったら、何も言おうとしないだろう。生まれてから最初の数カ月は、母親がすべてやってくれるために、この気を引く必要がない状態にある。ある記録によると、何も言わなくてもすべての欲求が満たされていたために、六歳までまったく言葉を話せなかった子供もいたということだ。聾唖の親を持つ子供も、このケースに当てはまる。転んで痛い思いをして泣くときも、声を出さずに泣くのだ。どうせ親には聞こえないのだから、声を出しても無駄だと学習している。そこでその子は、声ではなく、泣き顔で自分の苦痛を親に伝えようとする。

これまで見てきたように、事実を分析するときは、それを取り巻く社会的な文脈も考慮に入れなければならない。ある個人が特定の分野で優越することを目指しているなら、その動機を理解するには、社会的環境にも目を向ける必要がある。また、何らかの社会不適応を理解するときもそれは同じだ。社会に適応できない多くの人は、言語という手段で他者と接触することに困難を覚えている。たとえば吃音がそうだ。吃音の人を観察すれば、物心ついたときからずっと社会になじめなかったことがわかるだろう。何かの活動に参加するのも嫌い、友達や仲間を作るのも嫌う。言語の発達には他者との交流が必要なのだが、吃音の子供は他者と交わろうとしない。その結果、吃音は治らず、そのまま続くことになる。実際のところ、吃音の人の中には二つのタイプがあり、他者と交わろうとする人もいれば、他者を避けて孤立する人もいる。

社会の中で生きてこなかった子供が大人になると、人前で話すことができず、たいてい舞台恐怖症になるようだ。彼らがそうなるのは、聴衆を敵とみなしているからだ。敵意があって威圧的な聴衆（本人の目にはそう見えている）を前にすると、劣等感に襲われてしまう。人前できちんと話すには、自分を信じ、そして聴衆を信頼しなければならない。そうなって初めて、その人は舞台恐怖症から解放されるのだ。

以上のことからもわかるように、劣等感は、社会で生きる訓練を受けなかったという問題と密接に結びついている。社会に適応できないことから劣等感が生まれるのだから、劣等感を克服するには、社会で生きる訓練を受けることが基本になるだろう。

集合知を活用する

社会で生きる訓練とコモンセンスの間には、直接的な関係がある。コモンセンスを使って問題を解決するということは、社会に蓄積された集合知を活用するということだ。その一方で、前の章でも見たように、自分にしかわからない言葉で話し、特異な解釈の枠組みを持つ人は、社会の中で異常な存在とみなされる。精神を病んだ人、神経症の人、犯罪者などがこれに当てはまるだろう。彼らは、他者や社会のしきたりといったものに興味を示さない。しかし、彼らが救われるには、社会性を身につけるしかないのである。

そのような人たちの治療にあたるとき、私たち心理学者の仕事は、社会的な事柄に興味を持たせることだ。神経症の人は、自分に善意があるということだけで満足するが、善意だけでは不十分だ。社会では、実際に達成したこと、実際に与えたことが大切なのだということを、彼らに理解させなければならない。

劣等感と、優越を追い求める気持ちは誰もが持っているが、だからといってすべての人間が平等というわけではない。人より劣っていることや優れていることがあるという点は誰でも同じだが、体の強さ、健康、育つ環境はそれぞれで違っている。そのため、同じ状況であっても、すべての人が同じ失敗をするわけではない。子供を観察すれば、絶対に正しい反応の仕方など存在しないということがわかるだろう。子供は自分なりの方法で反応する。よりよいライフスタイルを手に入れるという目的は同じだが、目指す方法はみな違っている。それぞれが独自の失敗をして、独自の道を通って成功に近づいていく。

さまざまな障害、さまざまな努力

ここで、個人による違いや特異性を具体的に見てみよう。たとえば左利きの子供がいたとする。その子は早い時期から右手を使うように訓練されているので、自分が左利きだとは気づいていない。それでも訓練を始めたばかりのころは、右手を使うのに苦労しただろう。そのために叱られ、批判され、ばかにされる。そうやってあざけるのは間違いであり、両方の手を訓練するべきだ。生まれたばかりの赤ちゃんでも、左利きかどうかはすぐにわかる。右手よりも左手のほうを活発に動かすからだ。そして大きくなってからは、右手がうまく使えないことで悩みを抱えることになるかもしれない。しかし、むしろうまく使えないせいで、自分の右手に大きな興味を持つようになることが多い。そしてその興味は、たとえば絵を描く、字を書くなどの形で現れる。実際、大きくなってからは、左利きの人のほうが右手をうまく使えるようになっていることも多い。右利きの人よりも意識的に訓練するからだ。そのおかげで、芸術面での能力が大きく成長することも多い。そのような子供はたいてい向上心が強く、自分の弱点を克服するために努力する。しかしときには、苦労があまりにも大きすぎると他の人たちに嫉妬するようになり、その結果として大きな劣等感を持つことになる。そのような劣等感は、通常のケースよりもたいてい克服するのがより難しい。幼いころから苦労したために、その子はいつも戦っているような人になるかもしれない。不器用なところを見せてはいけないと、固く心に誓っているのだ。そのような人は、他者に比べてより大きな重荷を背負っていると言えるだろう。

子供がどのように上を目指し、失敗し、そして成長するかは、四歳か五歳ぐらいまでに形成された人格の原型によって決まってくる。それぞれの子が、自分なりの目的を持っている。画家になりたい子もいれば、今の環境に居心地の悪さを感じ、どこか別の場所へ行きたいと思っている子もいるだろう。傍から見れば、その子が弱点を克服する方法がわかるかもしれないが、その子自身はわからず、その子に事実を正しく教えてあげる人もめったにいない。

多くの子供が、目、耳、肺、胃などに何らかの障害を抱えて生まれてくる。そういう子たちは、自分の不完全な部分を強く意識している。たとえば、こんな興味深い例がある。ある男性は、会社から家に帰ってきた夜にだけ喘息の発作を起こす。年齢は四五歳で、結婚していて、会社での地位も高い。なぜ会社から帰ったときだけ発作を起こすのかと尋ねられると、こう説明した。「妻はとても現実的な人間で、私は理想主義者なんです。そのため、意見が合わないことがよくある。家にいるときはのんびりくつろぎたいと思うのですが、妻は出かけたがり、家にいることに文句を言います。そこで私は機嫌が悪くなり、呼吸が苦しくなるのです」

なぜこの男性は呼吸が苦しくなるのか。なぜ嘔吐という症状ではないのだろうか。それは、人格の原型がいつでも反応を決めているからだ。どうやら彼は子供のころ、どこか悪いところがあって包帯を巻いていたようだ。包帯がきつく、そのせいで呼吸が苦しかった。しかし、世話をしてくれた看護師が優しい女性で、いつも彼をなぐさめてくれた。彼女は自分の要求は何も言わず、ただ彼のことだけを考えてくれた。彼はその体験から、周りがいつも自分を第一に考えてくれるという思い込みを持つようになる。彼が四歳のとき、看護師が結婚式に出席するために遠くへ行くことになった。母親と一緒に駅まで見送りに来た彼は、悲しくてわんわん泣いた。看護師を乗せた列車が出てしまうと、彼は母親にこう言った。「看護師さんが行ってしまったから、もう楽しいことなんて何にもない」

彼はこの原型を持って成長し、大人になってからも、いつでも自分を第一に考えてくれる人、そばにいてなぐさめてくれる人を求めるようになった。彼にとっての問題は、呼吸ができないことではない。あの看護師のように世話をしてくれる人がいないことが問題なのだ。もちろん、そんな人を見つけるのは簡単なことではない。彼はいつでもすべての状況を支配したいと思っていて、ある程度までそれが成功することもある。彼が呼吸困難に陥ると、妻は観劇や社交の集まりの予定を取りやめる。そして彼は、「優越性という目的」を達成することになるのだ。この男性は、意識的には正しい言動を心がけているが、心の中では支配者になることを望んでいる。妻を思い通りにコントロールし、現実的な人間ではなく、理想主義的な人間にしたいと思っている。そのような動機を持っている人物は、表向きの印象だけで判断しないほうがいいだろう。

障害にどう対するかが問題

目に何らかの障害がある子供は、視覚に対して強い興味を持つことが多い。彼らはそうやって、特殊な能力を伸ばしていく。たとえば偉大な詩人のグスタフ・フライタークは、強い乱視で目がよく見えなかったために、文学の才能を開花させることができた。文学者や画家で、目がよく見えない人は多い。フライタークはこんなことを言っている。「私は目が普通の人とは違うために、空想力を鍛える必要に迫られた。それが文学の道で助けになったかどうかはわからないが、いずれにせよ、目が悪いために、普通の人が現実を見るよりも、空想の世界がさらによく見えていたのだろう」

天才と呼ばれる人たちを調べてみると、目が悪いなど、何らかの障害を抱えている人が多いことに気づく。神話をひもとくと、たとえ神であっても、片目や両目が見えないなどの障害がある。ほとんど目が見えないのに、普通の人よりも優れた視覚を持っていて、線や影や色の微妙な違いを鋭敏に感じ取ることができるという例もある。このような天才が現実に存在することを考えれば、障害を持った子供も、周囲がその障害を正しく理解すれば大きな力を発揮できるはずだ。

また、「食べられるかどうか」ということへの興味が人一倍大きい人もいる。彼らはいつでも「これは食べられる」「あれは食べられない」というようなことを考えている。なぜそうなったかというと、たいていの場合、子供のころに食べることで苦労したことが原因だ。そういう人は胃に何らかの問題を抱えていて、おそらく心配性の母親から、食べていいものと、食べてはいけないものについてうるさく言われていたのだろう。彼らは自分の弱い胃を克服しなければならず、その過程で、普段の食事の内容に大きな関心を持つようになった。そして、いつも食べることについて考えているために、一流の料理人になったり、栄養学の専門家になったりする。

とはいえ、胃腸が弱いために、ときには「食べること」の代わりの行為に興味が向かうこともある。興味が「お金を稼ぐこと」に向かった人は、そのせいで強欲になったり、または銀行家として成功したりする。彼らはお金を手に入れるために人一倍努力し、寝ても覚めてもお金のことで頭がいっぱいだ。いつでも商売のことばかり考えているおかげで、ライバルよりも優位に立つことができる。実際にお金持ちの中には、胃腸が弱い人が多い。これは興味深い事実だ。

これまで見てきた心と体の関係について、ここでもう一度確認しておこう。ある障害が、かならずある特定の結果につながるというわけではない。不完全な体の機能と、ある種の悪いライフスタイルの間に因果関係は存在しない。何らかの障害があっても、正しい栄養や治療で改善することは可能だ。障害そのものが悪い結果を生み出しているのではない。本当の原因は、障害に対する本人の態度にある。そのため、個人心理学では、何らかの体の障害だけで、ある種の精神状態が引き起こされるとは考えない。その障害に対する間違った態度が、精神に問題を抱えることになる本当の原因だ。それに加えて、個人心理学では、人格形成期に劣等感と戦うのは大切であると考えている。

劣等感とコモンセンス

障害を乗り越えられないために、欲求不満を抱えるようになる人もいる。落ち着きがない人、怒りやすい人、熱しやすい人は、たいてい大きな劣等感を抱えているものだ。自分は障害を乗り越えられると信じている人は、精神が落ち着いている。しかしそのせいで、必要なことを達成できないこともあるかもしれない。生意気、反抗的、ケンカ好きといった特徴を備えた子供もまた、大きな劣等感を抱えていることが多い。その場合の心理学者の仕事は、彼らの中にある本当の原因を見つけることだ。彼らが抱えている問題や障害を見つけ、適切な治療をほどこさなければならない。人格の原型から生まれた悪いライフスタイルは、批判したり叱ったりするのは厳禁である。

子供を観察すれば、その子がどんな人格の原型を持っているかがわかる。何に興味を持っているか、競争に勝つため、優越という目的を達成するために、どんな手段を用いるかといったことがヒントになるだろう。たとえば、自分の動きや表現に自信がないという子供がいる。そんな子は、なるべく他者を遠ざけようとする。新しい状況と直面するのを嫌い、安心できる小さな輪の中にとどまろうとする。それは学校、人生、社会、結婚でも同じだ。自分の小さな世界の中だけで成果を上げて、優越性という目的を達成しようとするのだ。このような特徴を備えた人はたくさんいる。彼らはみな、何らかの結果を出すには、あらゆる状況に対処できなければならないということを忘れている。どんなことからも逃げてはいけない。ある種の状況や、ある種の人を避けていると、自分にしか通用しない言い訳で正当化するしかないだろう。正しく発達するには、あらゆるタイプの人と交流し、社会のコモンセンスを身につける必要があるのだ。

たとえば哲学者なら、いつも人と一緒に食事をしていては、仕事で大きな成果を上げることはできないだろう。自分の頭で考えるには、一人になる時間がたくさん必要だからだ。とはいえ、成長するためには、社会との接点も欠かすことはできない。つまり、哲学者タイプの人が相手のときは、孤独と社会との接点という二つの要求を理解する必要があるということだ。また、社会にとって有益にもなれるし、無益にもなれるということも理解し、有益な態度と無益な態度の違いを注意深く見分けなければならない。

「勇気づけ」が劣等感を変える

人間と社会の関係を理解するカギは、人はいつでも自分が優秀さを発揮できる状況を求めているということだ。そのため、大きな劣等感を抱える子供は、自分より強い子供を遠ざけ、自分が上に立てる弱い子たちとばかり遊びたがる。自分の劣等感をこのように表現するのは、異常で病的な行為とみなされる。ここで大切なのは劣等感そのものではなく、劣等感の程度と、その性質が問題になるのだ。

このような異常とされる劣等感は、「劣等コンプレックス」と呼ばれている。しかしこの種の劣等感は全人格に影響を与えているので、「コンプレックス」という名前は正しくないだろう。単なるコンプレックスではなく、むしろほとんど病気であり、どんな症状が出るかは状況によって異なる。そのため、たとえ劣等コンプレックスを抱えている人でも、仕事に自信を持っているなら、仕事中のその人から異常を見て取ることはできないだろう。その人物は、もしかしたら社交の場や、異性との付き合いに自信がないのかもしれない。そのような状況を観察すれば、その人が抱える心の問題を見抜くことができる。

人は緊張したり、難しい状況に直面したりすると失敗が増える。それは、緊張や難しい状況がきっかけとなって人格の原型が表に出た結果であり、難しい状況はほぼ例外なく新しい状況だ。だからこそ、第1章でも触れたように、ある人にどの程度の共同体感覚があるかということは、新しい状況に直面したときにわかるのだ。

新しく学校に入った子供を観察すれば、その子の普段の生活における共同体感覚を知ることができる。その子は、新しいお友達と仲良くするだろうか？　それとも自分の殻に閉じこもるだろうか？　過度に積極的でずる賢い子供がいるなら、それはその子の人格の原型が原因だ。そして消極的な子供なら、大人になってからも、社交生活、人生、結婚などで、同じように消極的な態度を取るだろう。

人はよく、「あの方法でやろうかな」、「あの仕事をしようかな」、「あの人にひとこと言ってやりたいけれど……でも……！」と言ったりする。このように言うだけで何もしないのは大きな劣等感を抱えている証拠であり、そう考えれば、たとえば「迷い」といった感情を新しい角度から理解することができる。迷いがある人は、だいたいいつまでも迷っていて、ずっと何も達成しないままだ。しかし、「私は〇〇をしない」と言うときは、人はたいてい言葉通りに行動する。

心理学者なら、対象をきちんと観察すれば、その人の内面に潜む矛盾を見つけることができる。その矛盾はもしかしたら、劣等感の表れかもしれない。しかし、内面だけでなく、表に出た態度を観察することも大切だ。対人関係で問題があるなら、人に近づくときの態度やボディランゲージにも注目する必要がある。対人関係でおどおどした態度を取る人は、人生の他の場面でも同じようにおどおどしていることが多い。ためらいがちな行動は、大きな劣等感を抱えているサインである。

私たち心理学者の仕事は、その人がおどおどした態度を捨てられるように訓練することだ。そこでの正しい方法は「勇気づけ」であり、決して勇気をくじくようなことをしてはいけない。自分は難しい状況に対処できる、人生の問題を解決できるという自信を持たせることが大切だ。これが自信を育てる唯一の方法であり、劣等感に対処する唯一の方法でもある。

3章

優越コンプレックスとはなにか

「劣等」と「優越」はコインの裏表

前の章では、劣等コンプレックスとは何であるかということ、そして誰にでもある劣等感と、この劣等コンプレックスの関係について見てきた。この章では、反対の感情である「優越コンプレックス」について見ていこう。

前にも述べたように、人生の兆候は、すべて動きの形、進行している形で表現される。または、兆候には過去と未来があるという言い方もできるだろう。個人の努力や目的が未来にあたり、克服したいと思っている弱点などが過去にあたる。そのため、劣等コンプレックスの分析ではきっかけや原因を探ることが大切になり、優越コンプレックスの場合は連続性（動きの進捗）がカギを握ることになる。それに加えて、この二つのコンプレックスは互いに結びついている。そのため、劣等コンプレックスを探っていくと、その中に潜んでいる優越コンプレックスが見つかるというのもよくあることだ。その逆も同じで、優越コンプレックスの連続性を分析すると、そこに隠された劣等コンプレックスを見つけることになる。

もちろん、ここで注意しなければならないのは、「劣等」や「優越」に付けられた「コンプレックス」という言葉は、劣等感や優越を求める気持ちが過度に強いことを表しているにすぎないということだ。そう考えれば、「劣等コンプレックス」と「優越コンプレックス」という一見すると矛盾する二つの傾向が、同じ一人の人間の中に存在するのも理解できるだろう。普通に考えれば、優越を求めることと、劣等感を持つことは、互いに補完する関係にあるのは明らかだ。現在の状態に不満がなければ、もっと上を目指そうという気持ちにもならないだろう。いわゆる「コンプレックス」が普通の感情から生まれているかぎり、感情の中に矛盾が存在しないのと同じように、二つのコンプレックスも矛盾しないのである。

弱いからこそ強くなりたい

優越を求める気持ちは絶対になくならない。むしろ、それが人間の心理を構成していると言ってもいいだろう。前にも見たように、人生とはある目的、またはある形を達成するということであり、優越を求める気持ちがあるために、達成を目指して行動を起こすことができる。優越を求める気持ちは、周りにあるものをすべて飲み込みながら流れていく川のようなものだ。怠惰な性格で、あまり動かず、何事にも興味を持たない子供は、たしかに一見したところはただじっとしているだろう。とはいえ、そんな子供の中にも優越を求める気持ちは存在する。本人は、「もし自分が怠け者でなかったら、大統領になれるだろう」と考えていたりする。この状態は言ってみれば、「条件付きの向上心」だ。自分のことをとても高く評価していて、自分は社会の役に立つ立派な人物になれると信じている――ただ、「もし〜だったら！」という条件が付いているだけだ。もちろんこれは、単なる幻想に過ぎない。しかし、誰でも身に覚えがあるだろうが、人間というものは幻想だけでも満足できることがよくある。特に勇気が足りない人はこの傾向が強い。たとえ幻想の自分でも、それで十分に満足している。自分が弱いということを自覚しているために、抜け道を作って困難から逃げようとする。そして戦いを避けることによって、実際よりも強くて賢い幻想の自分を作り上げるのだ。

たとえば優越感の過度に大きい子供は、盗みを働くことがある。自分の盗みは絶対にばれないと信じているからだ。つまり、自分は努力しなくても金持ちになれるというわけだ。自分は偉大な英雄だと思い込んでいるような犯罪者にも同じような傾向が見て取れる。

すでに見たように、人間は勝手な思い込みから、自分だけの理論を作り上げることがある。その理論は、社会のコモンセンスとは相容れない。殺人者が自分を英雄だと思うなら、それは勝手な思い込みだ。勇気がないために、人生の問題と正面から向き合わず、逃げ道を探しているのだ。こう考えれば、犯罪は優越コンプレックスから生まれているということがよくわかるだろう。犯罪者だからといって、その人の根本的な性質が「悪」であるというわけではないのである。

神経症の患者にも同じような傾向が見られる。たとえば、夜よく眠れないと、次の日まで疲れが残って仕事がきちんとできないだろう。そこで彼らは、自分が仕事ができないのは不眠のせいであり、本来はもっとできるはずだと考える。「ぐっすり寝られれば、できないことなんてないのに！」と、彼らは言う。

また、不安の症状に悩むうつ病患者にも同じことが言える。彼らは自分の不安を利用して、他人を支配しようとする。一人でいるのは不安だと言って、つねに誰かと一緒にいようとするからだ。うつ病患者の周囲の人は、いつでも患者の気持ちを優先して自分の人生を生きなければならなくなる。

精神病の患者もまた、いつでも家族の関心を独り占めにしている。彼らの場合は、劣等コンプレックスを自分の力に変えているのだ。気分が優れない、体重が減ったなどと弱々しい言葉を吐くが、実際は家族でいちばん力を持っている。病気を利用して、健康な人たちを支配している。とはいえ、この事実は特に驚くには値しないはずだ。私たちの文化では、弱さはとても大きな力を持つことができる（実際、この社会でいちばん強いのは誰かと尋ねられたら、正しい答えは「赤ちゃん」だろう。赤ちゃんの権力は絶対であり、誰の支配も受けていない）。

自分の心の弱さを利用して他者に依存する

ここで、優越コンプレックスと劣等感の関係について考えてみよう。たとえば、優越コンプレックスを抱える問題児がいるとする――わがままで、傲慢で、乱暴な子供だ。いつでも自分を実際よりも大きく見せようとする。誰でも知っているように、かんしゃく持ちの子供は、いきなり攻撃をしかけることで他人を支配しようとする。彼らはなぜ、そこまで気が短いのだろうか？　それは、自分の強さに自信がなく、目的を達成するだけの強さがあるか確信が持てないからだ。彼らは劣等感を抱えている。乱暴な子供は、ほぼ例外なく劣等コンプレックスを抱えていて、それを克服したいと思っている。それはたとえるなら、つま先立ちになって自分を大きく見せるようなものだ。簡単な方法で、成功、プライド、優越を手に入れようとしている

そういう子供は、どのように治療すればいいだろうか。彼らの目には、人生の首尾一貫性が見えていない。物事の自然な秩序がわかっていない。しかし、だからといって彼らを

非難するのは間違っている。正面から問題を指摘したら、彼らはおそらく、自分の劣等感を否定し、むしろ自分は優れていると主張するだろう。ここで大切なのは、優しい態度でこちらの考え方を説明し、少しずつ理解させることだ。

人が自慢をするのは、劣等感を抱えているからに他ならない。人生の有益な側面で、他者と対等に競うことができないからだ。そのため、無益な方法ばかり用いることになる。社会と調和できていない状態であり、それを解決する方法もわかっていない。そういう子供は、たいてい親や教師との間に問題を起こすことになる。そのような場合は、本人にきちんと説明して、問題の原因を理解させなければならない。

神経症の患者もまた、劣等コンプレックスと優越コンプレックスの両方を抱えている。一般的に、神経症の患者は、優越コンプレックスばかりを表に出していて、自分に劣等コンプレックスがあることに気づいていない。ある強迫神経症患者の事例を見ると、そのことがとてもよくわかる。その患者は少女で、仲のよい姉がいたのだが、姉のほうがかわいくてしっかりしていた。この事実はとても大きな意味を持つ。というのも、家族の中で優劣があると、劣っているほうがいつでも苦しむことになるからだ。優れている存在が父親であっても、子供であっても、母親であっても、この事実は変わらない。家族の中で「劣っているほう」に入る人にとって、これはとても難しい状況だ。ときには耐えられないと感じてしまうこともある。

劣っているほうに分類された子供は、例外なく劣等コンプレックスを抱き、優越コンプレックスに向かって努力するようになる。彼らの関心が、自分だけではなく他者に向かっていれば、いずれ人生の問題をきちんと解決できるだろう。しかし、劣等コンプレックスが強すぎると、世界は敵だと思うようになる。そのため、他者のためではなく、自分の利益だけを追求するようになり、適切な共同体感覚が育たない。社会に対して間違った感情を持ち、そのため社会性を身につけるという課題を達成できない。そして問題から逃れるために、無益な行動を取るようになる。もちろんこれは本当の解決策ではないのだが、彼らは問題を解決するよりも、他者に支えられる生き方を選ぶのだ。彼らは乞食と同じだ。自分の心の弱さを利用して、他者に依存している。

なぜ「魔法が使える」と信じたのか

人間とはどうやら、子供であっても大人であっても、自分は弱いと感じると、社会への関心を失い、ただ優越だけを求めるようになるようだ。自分が優位に立つことで、人生の問題を解決しようとする。もし共同体感覚を失っていないなら、優越を求めることに何の問題もない。これは有益な態度であり、いい結果を出すことができるだろう。一方で共同体感覚を持たない人は、人生の問題を解決することができない。すでに見たように、問題児、精神病患者、犯罪者、自殺者などが、この共同体感覚を持たない人のカテゴリーに含まれる。

先ほど登場した少女に話を戻そう。姉と比べて劣等感を持っていた少女は、世界は敵だと思って育ち、肩身が狭い思いをしている。彼女が共同体感覚を持ち、劣等コンプレックスの仕組みを正しく理解していたら、姉とは違う道で才能を伸ばすことができたかもしれない。実際、彼女は音楽の勉強を始めたが、姉に対する劣等感に苦しみ、自分に自信が持てないために、才能を伸ばすことができなかった。二〇歳になったときに姉が結婚し、彼女自身も姉に負けないために結婚相手を探すようになる。こうやって彼女はさらに深みにはまり、健全で有益な人生からはどんどん離れていった。そして自分は悪い魔女で、人を地獄に送る魔法が使えると信じるようになった。

この「魔法が使える」という感覚はまさに優越コンプレックスなのだが、本人はそうは思わず、不平ばかり言う。たとえるなら、金持ちが金持ちであることを嘆くようなものだ。彼女は、ただ人を地獄に落とす力があると信じているだけでなく、ときにはその人たちを救うこともできるし、また救わなければならないとも感じている。もちろん、これはただの幻想なのだが、彼女はこの幻想を利用して、自分は姉よりも優れていると思い込もうとしているのだ。彼女が姉に勝てるのは、幻想の世界の中だけだ。そこで彼女は、魔法が使える自分を嘆く。本気で嘆くほど、幻想が現実になるような気がするからだ。もし自分で冗談だと思ってしまったら、魔法の現実味も失われてしまう。つまり彼女は、自分の魔法を嘆くことでしか、自分に満足することができないのだ。この女性の優越コンプレックスは表からは見えないが、たしかに存在し、劣等コンプレックスの埋め合わせという役割を果たしている。

次に、彼女の姉のほうを見てみよう。姉は家族の人気者であり、妹が生まれるまでは一人っ子として甘やかされて育った。そして三歳のときに妹が生まれると、状況は一変する。それまではいつでも親の関心を独り占めしていたが、いきなりその地位を奪われてしまった。その結果、姉は自己主張の強い子供になった。しかし、彼女が争うのは、相手が自分よりも弱いときだけだ。争い好きの子供は、実は勇気があるのではない。ただ自分より弱い子供を相手にしているだけだ。周りが自分よりも強かったら、その子は強い態度を取らず、ただ不機嫌になってただをこねたり、拗ねたりするだろう。そしてそのために、家族の中での立場も弱くなる。

そのような状況になった姉は、もう自分は前ほど愛されておらず、親の態度の変化がその証拠だと考える。彼女にとって、いちばん悪いのは母親だ。なぜなら母親が妹をこの世界に連れてきたからだ。そのため姉は、母親を攻撃するようになる。

一方で赤ちゃんの妹は、つきっきりで世話をしなければならない存在であり、そのために家族の中で優位に立てる。何もしなくても家族の中心になれるので、あえて自己主張はせず、誰かと争うこともない。赤ちゃんは柔らかく、とてもかわいらしい存在で、家族の愛を一身に受けている。どうやらときには、服従という美徳がすべてを征服することもあるようだ！

甘やかされた子供の優越感

それではここで、赤ちゃんのように守ってあげたい存在になることが、人生における有益な態度かどうか考えてみよう。その子が聞き分けがよくてかわいらしい性格に育ったのは、赤ちゃんのときに愛情を一身に受けたからかもしれない。しかし私たちの社会は、甘やかされた子供に厳しい目を向けている。ときには父親が問題に気づき、甘やかすのをやめようとする。または学校が介入することもある。このように、甘やかされた子供はつねに地位を脅かされているので、劣等感を抱くようになる。甘やかされた子供の地位が安泰であるかぎり、この劣等感は表に現れない。しかし、ひとたびその地位が揺らぐと、落ち込んで抑うつ状態になったり、優越コンプレックスを持つようになったりする。

優越コンプレックスと劣等コンプレックスには一つの共通点がある。それは、いつでも人生における無益な態度であるということだ。優越コンプレックスを抱えていて、わがままで傲慢な子供は、例外なく人生の無益な側面に向かうことになる。

甘やかされた子供が学校に上がると、周りがチヤホヤしてくれないという経験をする。そこで彼らは、自分に自信が持てずにおどおどするようになり、人生において何事も達成できなくなる。たとえば、最初に登場した妹がそうだろう。彼女は裁縫やピアノなどさまざまなことに手を出したが、どれもすぐにやめてしまった。それと同時に社会に対する興味を失い、家の外に出たがらず、いつも気分が落ち込んでいた。自分はいつも、人気者の姉の影に隠れていると感じていた。その引っ込み思案な性格のせいで、人格がさらに弱くなっていった。

この傾向は大人になってからも続き、仕事でも何も達成できなかった。恋愛や結婚にも消極的で、姉に勝ちたいという気持ちはあったが、積極的に行動することはできない。そして三〇歳になったとき、結核を患う男性と出会った。当然ながら、妹の両親は交際に反対した。彼女は何も行動を起こさず、両親が行動を起こし、二人が結婚することはなかった。その一年後、彼女は三五歳も年上の男性と結婚した。そこまで高齢の男性は、もはや「男性」とはみなされないので、この結婚は人生における無益な行為である。劣等コンプレックスを抱える人の多くは、この妹のように自分よりもかなり年上の人か、または既婚者などの結婚できない人を相手に選ぶことがある。ある種の「障害」がある結婚を望むのは、臆病さの現れだ。結婚に自信が持てないために、他の方法で優越コンプレックスを手に入れようとしているのだ。

彼女はまた、この世でいちばん大切なのは、義務を果たすことだと信じていた。そしていつも体を洗って清潔にしていた。もし人やものに触れたら、すぐに洗わなければならない。彼女はそうやって、自分を完全に孤立させていた。ところが実際は、彼女自身の手もかなり汚れていた。しょっちゅう手を洗うので肌が荒れていて、汚れがつきやすくなっていたからだ。

この妹の態度は、すべて劣等コンプレックスから生まれているように見えるだろうが、本人にとってはまったく正反対だ。自分こそが世界でいちばん清潔な人間であり、彼女ほど体を洗わない他の人たちを「不潔」だと軽蔑していた。つまり彼女は、自分の役割をパントマイムで演じていたのだ。彼女はいつも優位に立ちたいと思っていて、幻想の世界の中でそれを実現させていた。彼女は世界でいちばん清潔な人間だ。つまり彼女の中で、劣等コンプレックスが優越コンプレックスに変わり、それがごくわかりやすい形で表に現れているのである。

「劣等」の現実から「優越」の妄想へ

誇大妄想の人にも同じことが言える。誇大妄想とは、自分はイエス・キリストだと信じたり、皇帝だと信じたりすることだ。それもまた人生における無益な態度であるが、本人は妄想の世界が現実だと信じている。彼らは人生で孤立している。そして過去をさかのぼってみると、劣等感ゆえに優越コンプレックスを持つようになったことがわかる。

ここで一五歳の少年の例を見てみよう。彼は妄想の症状が出たために精神病院に入院した。当時はまだ戦争前だったが、少年はオーストリア皇帝が死んだと思い込んでいた。その死んだ皇帝が夢に現れて、オーストリア軍を率いて敵を倒すよう自分に命令したというのである。まだ一五歳の小柄な少年だというのに！　少年に新聞を見せて、皇帝が居城にいるという記事や、皇帝がドライブに行ったという記事を読ませても、少年は頑として現実を受け入れない。皇帝は死に、自分の夢に現れたと信じ込んでいる。

その当時、個人心理学は、眠るときの姿勢から、劣等感や優越感が読み取れるかという研究を行っていた。もしかしたらそのような情報の中には、何らかのヒントが隠されているかもしれない。たとえば、ハリネズミのように丸くなり、布団を頭からかぶって寝る人がいる。この姿勢からわかるのは、その人が劣等コンプレックスを持っているということだ。勇敢な人が、そんな姿勢で寝たりするだろうか？　逆に体をまっすぐに伸ばして寝ているなら、人生でも弱さや曲がったところがないと考えられる。きっと寝ているときの姿勢と同じように、文字通りの意味でも、比喩的な意味でも、まっすぐな生き方をしているのだろう。また、うつぶせで寝る人は、頑固で短気だと言われている。

そこで、私たちはこの少年の寝ている姿勢を観察し、起きているときの態度との関連性を調べることにした。少年は眠るとき、腕を胸の前で組んでいた。絵の中のナポレオンのような姿勢だ。そして翌日、少年に「よく腕を組んでいる知り合いはいますか？」と質問すると、「はい。そういう先生がいます」という答えが返ってきた。先生というのは意外な答えだったが、その先生はナポレオンに似ているということがわかった。しかも、少年はその先生が好きで、自分もその人のような先生になりたいと思っていた。しかし、お金の問題で十分な教育が受けられず、少年は家計を助けるためにレストランで働くようになった。常連の客たちは、少年の背の低さをいつもからかった。少年はこの状況に耐えられず、屈辱から逃げ出したかった。しかしここで、人生の無益な側面のほうに逃げてしまったのだ。

これで、少年が妄想を抱くようになった原因がわかっただろう。少年は背が小さく、そのせいでレストランの常連客たちにからかわれたので、劣等コンプレックスを持つようになった。しかし同時に、つねに優越も追い求めていた。先生になりたいという夢があった。しかし、これは叶えられない夢なので、人生の無益な側面に逃げることで優越性を達成しようとした。眠りと夢の世界の中で、優越した存在になったのである。

「劣等」と「優越」のつながりを見つける

これまで見たように、優越したいという目標は、人生の有益な側面につながることもあれば、無益な側面につながることもある。たとえば、本人に何か善行をしたいという気持ちがあるのなら、可能性は二つ考えられる。社会に適応していて、本当に他者のためになりたいと思っているか、またはただ自慢したいだけかのどちらかだ。心理学者は、ただ自慢したいだけの人をたくさん見てきている。たとえばある少年は、学校の成績はよくなく、実際はむしろ問題児で、学校をサボったり、盗みを働いたりしていたが、いつも言うことだけは大きかった。彼がそうなったのは、劣等コンプレックスが原因だ。何かを達成したいという気持ちがあり、そこで「見栄を張る」という簡単な道を選んだのである。彼はお金を盗み、売春婦に花やプレゼントを贈った。また、遠くの小さな街まで車で行き、六頭立ての馬車を要求したこともある。彼は街中を馬車で乗り回し、結局は逮捕されることになった。これらの態度からは、「他者より優位に立ちたい」という欲求を読み取ることができる。人の上に立つだけでなく、自分を実際以上に見せようとしていたのだ。

犯罪者にも似たような傾向を見ることができる。犯罪者もまた、簡単な方法で何かを達成しようとしているのだ。少し前のニューヨークの新聞に、学校の先生の家に押し入った強盗の記事が載っていた。強盗は家に住む女性たちを相手に、まともな職業では稼げないから、強盗になるほうがよっぽど楽だと言ったという。この強盗犯もまた、無益な側面のほうへ逃げたと言えるだろう。しかしその過程で、ある種の優越コンプレックスも持つようになった。彼は住人の女性たちを前にして、自分のほうが強いと感じていた。自分は武器を持っていて、相手は持っていないのだからなおさらだ。しかし、本当の彼は臆病者だ。劣等コンプレックスから逃れるために、人生の無益な側面を選んだからだ。しかし、本人は英雄気取りで、自分が臆病だとは思っていない。

または、人生の困難から逃れるために、自殺という道を選ぶ人もいる。生きることに執着せず、それゆえに優越感を持っているが、彼らもまた本当は臆病者だ。これらの例を見ると、優越コンプレックスは第二段階であるということがわかるだろう。まず劣等コンプレックスがあり、それを埋め合わせるために優越コンプレックスが生まれるのだ。心理学者は、この二つの有機的なつながりを、つねに見逃さないようにしなければならない。一見すると矛盾しているが、どちらも人間にとっては自然な感情だ。このつながりが見つかったら、劣等コンプレックスと優越コンプレックスの両方を治療することができる。

劣等コンプレックスと優越コンプレックスについて、もう一つ言っておかなければならないことがある。それは、正常な人と、これらのコンプレックスの関係だ。すでに述べたように、人は誰でも劣等感を持っている。劣等感それ自体は病気ではない。むしろ健全な向上心につながるきっかけになるだろう。劣等感が病的になるのは、無力感があまりにも大きく、向上心を殺してしまうときだけだ。人は無力感に圧倒されると、気分が落ち込み、成長できなくなる。そして優越コンプレックスは、劣等コンプレックスを抱えた人にとっては、辛い現実から逃げるための手段になる。「自分は劣っている」という現実を受け入れることができず、「自分は優れている」という幻想に逃げているのだ。正常な人は、優越コンプレックスを持つことはない。優越感さえ持っていない。正常な人は、成功したいという向上心を持ち、実際の仕事で成功を達成しようとする。彼らは自分を正しく評価する。そして精神病の根源には、現実離れした自己評価がある。

4章

ライフスタイル

それぞれの独自性

谷に生えた松の木は、山頂に生えた松の木とは違う育ち方をする。同じ種類の松であっても、ライフスタイルはまったく違う。谷の松には谷の松のスタイルがあり、山頂の松には山頂の松のスタイルがある。

ここで言う「ライフスタイル」とは、それぞれの独自性のことだ。独自性は環境の中で形作られ、環境の中で表現される。しかし、たとえ同じ環境であっても、ライフスタイルは個体によってさまざまだ。つまりどんなライフスタイルになるかということは、環境によって機械的に決まっているのではない。

それと同じことは人間にも当てはまる。ある決まった環境の中で形成されたライフスタイルがあるとしたら、私たち心理学者の仕事は、現在の状況とそのライフスタイルの間にどのような関係があるのか、厳密に分析することだ。というのも、環境の変化によって心理状態も変わるからだ。好ましい状況で暮らしている人は、ライフスタイルが表に出ることはない。しかし、困難に直面したりすると、その人のライフスタイルがくっきりと表れることになる。優秀な心理学者なら、好ましい状況下にある人のライフスタイルを見抜くこともできるかもしれないが、難しい状況におかれた人のライフスタイルは一般の人の目にも明らかになる。

人生とは単なるゲームではないので、困難には事欠かない。生きていれば、つねに何かしらの問題があるだろう。私たち心理学者は、そんな困難に直面した人たちを観察し、その人独自の行動様式や性格を見抜こうとしている。前にも述べたように、ライフスタイルはその人の全体像だ。幼少期に経験した困難から生まれ、その人独自の目標を目指す努力によって形成されている。

しかし、私たちが興味を持っているのは、その人の過去ではなく未来である。そしてある人の未来を理解するには、その人のライフスタイルを理解しなければならない。たとえ生まれつきの性質や衝動を理解しているとしても、未来に起こることは予測できない。心理学者の中には、患者のトラウマや生来の傾向から予測しようとする人もいるが、厳密に分析してみれば、それらの要素の背景には、一貫したライフスタイルが存在することがわかる。

つまり、どんな刺激であろうとも、その目的は、現在のライフスタイルを保存・修復することなのだ。

劣等感からライフスタイルへ

それでは、このライフスタイルというものは、前の章までで見てきたこととどのような関係があるのだろうか。たとえば、体に何らかの障害を持って生まれた人は、生きるうえで困難を経験するために、劣等感や劣等コンプレックスを抱きやすいということはすでに述べた。人間は永遠に苦しみに耐えられるわけではないので、劣等感が刺激となり、ある種の行動を起こす。その結果、その人は自分なりの目的を持つようになる。個人心理学では、この「目的に向かう一貫した動き」のことを、長い間「ライフプラン」と呼んできた。しかし、この名前は誤解を招くことが多いので、今ではライフスタイルと呼ぶことにしている。

人にはそれぞれのライフスタイルがある、そのため、会話をしたり、いくつかの質問に答えてもらったりするだけで、ある人の将来を予測できることもある。それはまるで、物語の最終章を開き、すべての謎が解明されるのを読むようなものだ。こうやって予測ができるのは、人生の段階や、困難、課題などがすでにわかっているからだ。過去の経験や知識から、たとえば周囲から孤立している子供や、依頼心の強い子供、甘やかされた子供、引っ込み思案の子供などの将来を予測することができる。人に頼ることを目的とする子供には、どんな未来が待ち受けているのだろうか？　その子はおそらく、人生の課題から逃げ回る大人になるだろう。引っ込み思案で、問題に正面からぶつからず、いつも逃げている。なぜそれがわかるかというと、同じようなケースをそれこそ何千と見てきたからだ。彼らは自分の力で何とかしようという気はまったくなく、誰かに助けてもらおうとしている。人生の大問題から目を背け、どうでもいいようなことだけをして生きていくつもりだ。共同体感覚を持たず、その結果として問題児になり、長じては神経症患者や犯罪者になったり、または人生から逃げる最後の手段として自殺を図ったりする。研究が進んだ現在は、このような現象が以前よりもよく理解されるようになった。

個人心理学では、ある人のライフスタイルを分析するときに、正常なライフスタイルを一つの基準として用いることにしている。社会に適応した人のライフスタイルを正常として、そこからの差異によって判定するのだ。

「正常」とはなにか

おそらくこの時点で、「正常」の定義をしておいたほうがいいだろう。正常なライフスタイルとはどういうものかを明確にし、正常を基準にした逸脱の判定方法についても述べる。しかしその前に、ここではタイプ別の性格分類を行わないことを指摘しておきたい。個人心理学では、そもそも性格にタイプはないと考えている。すべての人が、それぞれ独自のライフスタイルを持っているからだ。まったく同じ木の葉が二枚としてないように、まったく同じ性質を持つ人間も存在しない。自然はとても豊かであり、人間の性質の種類にも無限の可能性がある。すべてがまったく同じ二人の人間が存在するのは不可能なのだ。そのため、人間をタイプに分けるのは単なる便宜上の手段であり、似たような人をまとめて理解しやすくしているにすぎない。たしかにタイプ別に分けたほうが、分析がやりやすくなるだろう。とはいえ、いつでも同じ分類基準を使うようなことはしない。ある特定の類似点を抽出するのにいちばん適した基準を使うように心がけている。タイプや分類基準を過信すると、ある人をあるタイプに分類したら、もうそれ以外の可能性に目が向かなくなってしまうだろう。

例をあげて説明しよう。たとえば、社会に適応できていない人をタイプで分類するなら、「共同体感覚を持たず、寂しい人生を送っている人」というふうに定義する。これは個人を分類する一つの方法であり、おそらくはもっとも重要な方法でもあるだろう。しかし、それぞれの個人に目を向ければ、見ることを重視する人もいれば、話すことを重視する人もいる。二人とも大まかに分類するなら「社会不適応」というタイプになり、他者との関係を築くのに苦労しているという共通点がある。そのため、便宜上の手段にすぎないということを理解せず、単純にタイプで分類すると、混乱を生む原因になるのである。

社会不適応者のライフスタイル

それではここで、分析の基準となる「正常」な人に話を戻そう。正常な人とは、社会に参加し、社会によく適応しているために、自分の仕事が何らかの形で社会の役に立っているような人のことだ。そして心理学的に見れば、十分なエネルギーと勇気を備えていて、人生の困難や課題に立ち向かえる人ということになる。サイコパスと呼ばれる人は、このどちらの資質も備えていない。彼らは社会に適応せず、日々の課題をこなすだけの精神力も持っていない。ここでそのような人物の実例を紹介しよう。その人は三〇歳の男性で、いつも人生の問題から逃げ回っていた。友人は一人いるが、まったく信頼していないので、友情が深まることはない。相手のほうも二人の関係に緊張を感じ取っているからだ。この男性は、話をする相手はたくさんいるかもしれないが、本当の意味で友達と呼べる人はいない。社会に適応せず、共同体感覚も希薄だ。そもそも、彼自身が社会に対して不信感を持っていて、人と一緒にいてもほとんど話さない。彼自身は、その理由を「特に話すことがないから」としている。

それに加えて、この男性は内気だった。色白で、話すときに赤面することもある。ただし内気にならずにすむ場面では、かなり饒舌に話すことができた。彼が本当に必要としていたのは、批判されることなく、この方向で助けを得ることだ。当然ながら、無口なモードに入った彼はいい印象を与えず、周囲からは好かれていなかった。彼自身もそれを感じ取り、その結果ますます話すのが嫌いになった。

つまりこの男性は、社会に出て人と接触すると、自意識過剰になってしまう——これが彼のライフスタイルだと言えるだろう。

社交生活と友人関係に加えて、仕事という要素についても考える必要がある。この男性は、つねに仕事で失敗するのを恐れ、失敗しないように日夜勉強に励んでいた。働きすぎで、過度にストレスを抱えていた。そして過度のストレスを抱えることで、職業という人生の課題で成功することから逃げていたのだ。

この男性は、社交と仕事の場面で、いつも過度に緊張していた。このことから、彼が大きな劣等感を抱えていると想像できる。自分を過小評価し、他者や新しい状況は自分の敵だと考えていた。彼にとって、世界は自分の敵だった。

なぜそうなったのかを知る

この男性のライフスタイルを具体的に描写してみよう。彼は前に進みたいと思っているが、失敗を恐れるあまり動けなくなっている。深い淵を前にして立ちつくしているかのようだ。いつもストレスを抱え、緊張している。条件付きでしか前に進むことができず、できることならずっと家にいて、他者と関わりたくないと思っている。

社会参加、仕事に続く第三の課題は「愛」だ。たいていの人が、この愛の問題には苦労することになる。この男性は、積極的に異性にアプローチすることができなかった。誰かと愛し合い、結婚したいと思っていたが、大きな劣等感を抱えていたために、恐ろしくて実行に移すことができない。彼は自分の望みを実現することができず、すべての態度や行動の基盤に「やりたい……けれどもできない!」という感情がある。彼は好きな女性が次々と変わった。これはもちろん、神経症の人によく見られる特徴だ。なぜなら、二人と付き合うのは、一人と付き合うよりも貧しい関係だからだ。同時に複数のパートナーを持つ傾向があるのも、貧しい関係しか持てないからだと言えるだろう。

それではここからは、このようなライフスタイルになる理由について考えていこう。個人心理学は、ライフスタイルの原因を探る分析を行っている。この男性のライフスタイルは、四歳か五歳になるまでにできあがった。そのころ、彼の人生に何らかの悲劇が起こり、それが人格の原型を形成することになる。だから私たちの仕事は、その悲劇を探ることだ。何かがきっかけとなって、彼は他者に対する健全な興味を失った。そして、人生とは苦行であり、苦労するぐらいならすべてのことから逃げるほうがましだと信じるようになった。彼は内気で、用心深く、いつも逃げ道を探していた。

ここで、彼が最初に生まれた子供だということを指摘しておく必要があるだろう。これまでも見てきたように、きょうだいの生まれる順番は大きな意味を持っている。最初に生まれた子供のいちばん大きな問題は、最初は家族の関心を独り占めにしていたのに、下の子供が生まれるとその地位を失うということだ。内気で引っ込み思案の人を分析すると、身近に自分より好かれた人がいたというケースが多い。そう考えると、この男性の問題の原因も容易に見つかるだろう。

患者の生まれた順番を知るだけで、解決するケースは数多くある。または、古い記憶を話してもらうという、まったく違う手法を用いることもできる（古い記憶については、次の章で詳しく見ていこう）。この手法が有効なのは、幼少期の記憶は、初期のライフスタイルを作る基盤になるからだ。そしてこの初期のライフスタイルを、私たちは人格の原型と呼んでいる。誰かの人格の原型を知りたかったら、その人に幼少期の記憶を話してもらわなければならない。どんな人でも、強く残っている記憶があるだろう。そして記憶に残っている出来事は、たいてい重要な出来事だ。心理学の中には、反対の意見を持つ学派もあり、彼らによると本人が忘れている事柄こそがいちばん重要だという。しかし、両者は基本的に同じことを言っていると考えていいだろう。何かの記憶があっても、本人はその意味がわからず、自分の行動との関係も理解できないかもしれない。そう考えると、本人が意味を自覚していない記憶を重視するにしても、失われた記憶を重視するにしても、結果は同じだ。

古い記憶をたどる

古い記憶は、たとえちょっとしたことであっても多くのことを物語ってくれる。たとえば、ある男性が、子供のころに母親に連れられて、弟と一緒に買い物に行ったことを思い出したとしよう。その記憶だけで、十分に彼のライフスタイルを判別することができる。彼は、弟と一緒だったということを思い出した。それはつまり、弟がいるという事実を彼が重視しているということだ。さらに話を聞けば、似たような状況で雨が降っていた日のことも思い出すかもしれない。雨が降り出すと、母親はまず彼を抱き上げたが、弟に気づくと、彼をおろして代わりに弟を抱き上げた。その記憶から、彼のライフスタイルを想像することができる。この男性は、いつでも自分以外の人が大切にされるという思い込みを持っているのだ。そのためいつも自信がなく、人付き合いがうまくできない。それは友情でも同じで、相手には自分よりも大切な友人がいるのだろうと思い込み、本当の友情を育むことができない。他者を信頼することができず、友情のさまたげになるかもしれない些細な出来事におびえている。

また、この悲劇によって、彼は共同体感覚を育てることができなかった。弟を抱き上げる母親を見た彼は、弟のほうが母親に愛されていると思い込み、その思い込みを裏付けるような事実ばかりを探していた。自分の思い込みを信じて疑っていないために、いつも緊張とストレスを抱えていた――この男性は、自分より好かれている人がいると感じると、何かを達成するのがとても難しくなってしまうのだ。

このように他者を信用できない人にとっては、完全に孤立することが唯一の解決策になる。孤立すれば他者と争う必要はなく、言ってみればこの地球上でたった一人の人間になれるからだ。実際にそのような子供は、世界が滅亡して自分だけが生き残るという物語を夢想することもある。そうなれば、もう自分以外の誰かがひいきされることはないからだ。こうやって自分に都合のいいシナリオをさまざまに夢想するが、どれも非現実的で、コモンセンスとは相容れない。すべて、他者を信用できない気持ちから生まれているからだ。この人物は、限定された世界で生き、自分が逃げ出すことばかり考えている。他者とのつながりは一切持たず、他者に興味もまったくない。しかし、これは病気なのだから、彼を責めることはできないだろう。

劣等感を和らげる

そこで私たち心理学者の役割は、このような人物に健全な共同体感覚を持たせることになる。しかし、どうすればそれができるのだろうか？ この患者は自分の思い込みをかたくなに信じ、思い込みを裏付ける事実ばかりを探しているので、治療が特に難しくなる。その固い殻を破り、かたくなな心を解きほぐさないかぎり、思い込みを変えることは不可能だろう。それを行うには、ある特定の技術と戦術が必要になる。それに加えて、治療をする医師は、患者と個人的なつながりがなく、患者に特別な興味を持っていない人のほうがいい。なぜなら、医師の側に何らかの思い入れがある場合、患者のためではなく、医師の目的のために治療を行うことになる危険があるからだ。患者は医師の目的に必ず気づき、医師を信用しなくなるだろう。

ここで大切なのは、患者の劣等感を和らげることだ。ただし、劣等感を完全に取り除くことは不可能であり、そもそも取り除く必要もない。劣等感は人格を築く基盤の役割を果たしてくれるからだ。私たち心理学者の役割は、患者の目的を変えることだ。これまで見てきたように、この患者の目的は、自分は大切にされない存在なので現実から逃げるということだ。まずはこのコンプレックスから取り組んでいこう。自分を過小評価しているということを患者自身に納得させることで、劣等感を和らげていくのだ。体の動きの問題点を指摘し、緊張しすぎるという傾向について説明する。自分はいつも、崖っぷちに立っているかのように、または敵ばかりに囲まれて暮らしているかのように緊張しているということを理解させる。他者のほうが大切にされるという恐怖によって、最高の力を発揮できず、人に与える第一印象も悪くなっているということも理解させる。

この患者のような人が、社交の場で立派なホストの役割を果たし、誰とでも打ち解け、友達に楽しんでもらうことを第一に考えられるなら、彼の症状は劇的に改善するだろう。しかし実際は、社交の場をまったく楽しむことができず、他者の気持ちを考えることもできない。そしてこんなふうに考える——「バカな連中だ。私の価値がわからず、私が興味を持つ話もできないなんて」

この種の人物の問題は、自分の思い込みの中だけで生きていて、客観的な視点に欠けるために、状況を正しく判断できないことだ。前にも見たように、彼は全世界を敵に回し、一匹狼として孤独な人生を送っている。人間がこのような人生を送るのは異常であり、悲劇的なことだ。

うつ病の人のライフスタイル

ここで、もう一つの具体例を紹介しよう。今回登場するのは、うつ病の男性だ。うつ病はよく見られる病気だが、完治することは可能だ。うつ病になるような人は、幼少期からその傾向がはっきり見られる。実際、新しい状況に対応するときに、うつ病の傾向を見せる子供はたくさんいる。ここで紹介するうつ病の男性は、すでに一〇回発作を起こしていた。いずれも何らかの新しい状況に直面したときだ。慣れ親しんだ状況にいるかぎり、一見したところは普通の人だ。しかし彼は、社会に出ることを嫌がり、他人を支配したがる傾向があった。その結果、まったく友達がおらず、五〇歳になっても独身だった。

ここで、彼のライフスタイルを知るために、彼の子供時代を分析してみよう。子供のころの彼は、とても神経質でけんか腰だった。自分の苦痛や弱さを利用して、いつも兄や姉たちを支配していた。ある日、きょうだいとソファーの上で遊んでいたとき、彼は全員を下に突き落とした。おばさんにそのことを怒られると、彼は「おばさんに怒られたから、ぼくの人生はおしまいだ！」と言ったという。当時、彼はまだ四歳か五歳だった。

これが彼のライフスタイルだ。「かわいそうな自分」を演出して、いつでも他人を支配しようとする。この傾向が、大人になってからうつ病を引き起こす原因になった。そもそもうつ病自体が、単なる弱さの表れにすぎない。うつ病の患者に共通するのは、「私の人生はもう終わりだ。私はすべてを失った」というようなセリフを言うことだ。たいていの場合、彼らは子供のころに甘やかされて育ち、大人になって誰も甘やかしてくれなくなるという経験をしていて、その経験がライフスタイルに影響を与えている。

ライフスタイルを見つけて修正する

状況にどのように反応するかは、人によってまったく異なる。たとえるなら、動物の種類によって反応が違うのと同じようなものだ。まったく同じ状況でも、ウサギの反応と、オオカミやトラの反応は違うだろう。性格のタイプが異なる三人の少年をライオンの檻に連れていって、この猛獣を初めて目の前で見たときの反応の違いを分析するという実験が行われたことがある。一人目の少年は、後ろを向くと「おうちに帰ろう」と言った。二人目の少年は「すごい！」と言った。勇敢にふるまおうとしていたが、そう言うときの少年は震えていた。実際は臆病だったのだ。そして三人目の少年は、「これにつばをかけてい？」と言った。このように、たとえ同じ状況であっても、反応の仕方は三者三様だ。それに加えて、人間はたいていの状況で恐怖を感じるということもわかる。

社会に適応できないという問題も、社交の場で感じる恐怖がいちばん大きな要因になっている。たとえばある男性は、いい家の生まれで、何をするにも人任せだった。弱々しい印象を与え、そのために職に就くこともできない。やがて家の状況が悪化し、兄弟から「おまえはバカだから仕事にも就けない」と責められるようになった。男性は酒を飲み始めた。数カ月がたち、完全なアルコール依存症と診断され、二年間入院することになった。入院は助けにはなったが、完治したわけではなかった。そしてまだ準備ができないうちに、また社会に出ていくことになった。やはり仕事探しで苦労し、名家の出身だというのに肉体労働しか見つからない。間もなくして、彼は幻覚を見るようになった。知らない男が現れて彼をからかい、そのせいで仕事が見つからないと思い込んでいた。以前はアルコール依存症のために働けなかったが、今度は幻覚のために働けなくなった。そこで私たちは、ただ断酒をするだけでは治療にならないと判断した。この場合は、彼のライフスタイルを見つけ出し、修正する必要がある。

診察や調査の結果、この男性は甘やかされて育ち、何でも人にやってもらっていたということがわかった。一人でやり遂げるという経験がなかったので、仕事でつまずくことになったのだ。どんな子供でも自立を学ばなければならず、そのためにはまず自分のライフスタイルの問題を理解しなければならない。この男性の場合は、子供のころに自力で何かを行う訓練を受けておくべきだった。そうすれば、他のきょうだいの前で萎縮するようなこともなかっただろう。

5章

幼少期の記憶からわかること

古い記憶に隠された秘密

ここまでは個人のライフスタイルの重要性について見てきたが、次は古い記憶について考えてみよう。おそらく古い記憶は、ある人のライフスタイルを特定するうえで、もっとも大きなカギを握る要素だ。ライフスタイルの核である人格の原型を明らかにしたいなら、子供のころの記憶をさかのぼるのがもっとも確実な方法だ。

ある人のライフスタイルを判定したいなら（その人が大人でも、子供でも）、まず相手の不平や不満を少し聞き、それから古い記憶について質問をする。そして記憶の内容と、相手が言っていた他の事柄を比較する。たいていの場合、ライフスタイルは絶対に変わらない。同じ人間の人格はつねに同じである。ライフスタイルとは、すでに見たように、ある特定の優越性を達成しようとする気持ちから生まれてくる。そのため、言葉、行動、感情のすべてが、その人全体の「行動ライン」を有機的に構成しているのだ。そして、この行動ラインが特にはっきり現れる場面があり、古い記憶もその一つだ。

とはいえ、古い記憶と新しい記憶を厳密に区別するのも間違っている。新しい記憶の中にも行動ラインが含まれているからだ。ただ、幼少期の行動ラインのほうがより簡単に発見でき、より多くのことを教えてくれる。そこから人生に一貫して流れるテーマを発見し、ライフスタイルは一生変わらないということを理解できるのである。四歳か五歳までに形成されたライフスタイルを分析すれば、過去の記憶と、現在の行動の間にあるつながりを発見することができる。私たちは、この種の観察を何度も行った結果、患者の人格の原型は古い記憶を探れば必ず見つかると確信するようになった。

「何も憶えていません」の意味

患者が語る過去の記憶は、すべて何らかの感情的な思い入れがある出来事だ。その記憶の中に、患者の人格を知るカギが隠されている。もちろん、忘れられた記憶（または、無意識の記憶）もライフスタイルと人格の原型を構成する大切な要素だが、こちらは見つけるのが難しい。意識的な記憶も、無意識の記憶も、優越性を目指すという同じ目的を持っている。どちらも人格の原型を構成する要素だ。だからもし可能なら、意識的な記憶と無意識の記憶の両方を発見することが望ましい。どちらの記憶も同じくらい重要であり、そして本人は、たいていどちらの記憶も理解していない。記憶を理解し、解釈するのは、本人以外の人間の仕事になる。

まずは、意識的な記憶から見ていこう。古い記憶について尋ねられると、「何も覚えていません」と答える人もいる。そういう人を相手にするときは、よく考えて思い出してもらう必要がある。集中して記憶を探れば、必ず何かは思い出せるはずだ。ここで注意したいのは、最初に思い出せなかったという事実にも意味があるということだ。その人は子供時代を思い出したくないと思っていて、それはつまりいい思い出がないということかもしれない。そのような人は、こちらから導いてあげる必要がある。ヒントを与え、こちらが知りたいことを教えてくれるような記憶を引き出していく。どんな人でも、必ず最後には何かを思い出すはずだ。

または、生まれたばかりのことも覚えていると言う人もいる。実際のところこれはほぼ不可能であり、本人が覚えていると思っていることも、たいていは架空の記憶だ。とはいえ、ニセの記憶も本物の記憶もその人の人格の一部であり、どちらも同じくらい重要だ。本当に自分で覚えているのか、それとも親から聞いただけなのかわからないという人もいるだろう。これもまた、どちらでもたいした違いはない。というのも、たとえ親から聞いただけだとしても、本人にとっては何らかの重要な意味があるから覚えているのであり、その意味を探ることも大きなヒントになるからだ。

記憶からタイプを考える

前の章でも見たように、人間の性格をタイプ別に分類するのは、ある目的においては便利で有効な方法だ。古い記憶もまたタイプによって異なり、あるタイプがどのような行動を取るかは、古い記憶の内容から推測することができる。たとえば、子供のころに見たクリスマスツリーを鮮明に覚えている人がいるとしよう。とても立派なツリーで、たくさんの明かりがともり、周りにはたくさんのプレゼントやケーキが置かれていた。この記憶で、もっとも興味深い点は何だろうか。それは、「彼がそれを見た」という事実だ。彼はなぜ、自分の見たものの話をしたのか。それは、彼が視覚に興味を持つ人間だからだ。この人物は目に何らかの問題を抱えていて、見るための訓練を受けていた。そのため、昔からずっと「見る」という行為に大きな関心を持っていた。もしかしたら、これは彼のライフスタイルにおいてもっとも大切な要素ではないかもしれないが、それでも興味深くて意味のある要素であることに変わりはない。彼に何かの仕事をすすめるとしたら、目を使う仕事がいいだろう。

子供の学校教育では、タイプ別の性格分析が軽視されることが多い。たとえば、人の話を聞かない子供は、もしかしたら視覚に興味があるタイプで、いつも何かを見ていたいために聞くことがおろそかになっているのかもしれない。もしそうなら、聞くことの大切さを辛抱強く教えていく必要がある。子供はだいたい一つの感覚に偏っていて、視覚型の子供もいれば、聴覚型の子供もいる。または、体を動かすことが好きで、いつも動いている子供もいる。これらの三つの異なるタイプの子供から、同じ結果を期待するのは不可能だ。特に、教師が何か一つの手法、たとえば聞くことを重視する手法だけを使うような場合は、子供の間での差が大きくなる。視覚型の子供や、運動型の子供は、そのような指導では能力を伸ばすことができないだろう。

ここで、ある若い男性の例を紹介しよう。彼は二四歳で、よく意識を失うという問題を抱えていた。子供のころの記憶について尋ねると、四歳のときにエンジン音を聞いて意識を失ったことを思い出した。つまり彼は「聴覚」のタイプであり、聞くことに興味を持っている。この男性が「失神」という問題を抱えるようになった理由は、ここでは重要ではない。ただ、子供のころから音に敏感だったという事実だけがわかれば十分だ。彼はとても音感が優れていたので、雑音や耳障りな音を聞くと強い不快感に襲われた。だからエンジン音で気絶したという事実も、特に驚くには値しないだろう。前にも見たように、大人であっても子供であっても、ある特定の感覚に興味を持つのは、その感覚を司る器官に障害がある場合が多い。前の章に登場した、喘息の男性を覚えているだろうか。彼は子供のころ、何かの問題があって、胸のあたりにきつく包帯を巻いていた。その結果、呼吸することに大きな興味を持つようになった。

または、食べることにしか興味がないような人も存在する。彼らの最初の記憶は、食べることに関する出来事だ。彼らにとっては、「食べること」が世界でもっとも大切だ。どうやって食べるか、何を食べるか、何を食べないか、といったことばかり考えている。彼らの場合もまた、子供のころ食べることに何らかの問題を抱えていて、その結果として食べることに多大な興味を持つようになったのだろう。

動きがぎこちない子

ここからは、「動くこと、歩くこと」に関する記憶について見ていこう。動きがぎこちない子供、自分の体をうまくコントロールできない子供は、体が弱いか、またはくる病を患っている場合が多い。彼らは動くことに異常な興味を示し、いつもせかせかと落ち着きがない。ここでは、五〇歳の男性の例を紹介しよう。この男性は、誰かと一緒に道路を横断するたびに、自分も相手も車に轢かれるという恐怖に襲われた。一人でいるときはまったく怖くなく、平気で道を渡ることができる。同行者がいるときだけ異常に怖くなり、相手を守ってあげなければという思いに襲われる。そこで同行者の腕をつかみ、左に動かしたり、右に動かしたりして、たいてい相手を怒らせることになる。こういった症例はそれほど多くはないが、それでもこれまでに何度か目にしてきた。次からは、このバカげた行動の謎を解明していこう。

昔の記憶について尋ねると、三歳のころにくる病になり、体を思うように動かせなかったという話をしてくれた。道を横断するときに、車に轢かれたことが二度あるという。そのため、大人になった彼にとっては、この弱点を克服したと証明することがとても重要だった。言ってみれば、道をきちんと横断できるのは自分だけだということを示したかったのだ。だから誰かと一緒にいると、自分の力を証明しなければならないという思いに襲われる。もちろん、道を安全に渡るという能力は、特に自慢できるものでも、他人と競うようなものでもない。しかし、この男性のような人にとっては、動ける能力があることはとても重要であり、どうしても他人に誇示したくなってしまうのだ。

死にまつわる記憶

次にある少年のケースを紹介しよう。彼は問題児で、学校のものを盗んだりしていた。

両親はすっかり困り果てていた。このままでは犯罪者になってしまうかもしれない。少年に古い記憶について尋ねると、いつも動きたくて落ち着かず、そわそわしていたという。現在の彼は、父親と一緒に働いていて、ずっと座りっぱなしだ。そこで私たちは、彼の性質を考慮して、セールスの仕事をするという提案をした。座りっぱなしではなく、あちこちに出かけることができるからだ。

古い記憶の中でも、死にまつわる記憶はとても大きな意味を持つ。誰かが突然いなくなるという経験は、子供の心に深い影響を与えるからだ。身近に死を経験して、気分がふさぎ込んでしまう子供もいる。または、ふさぎ込みはしないが、死という問題に取り憑かれ、病気や死と戦うことに人生を捧げるようになる子供もいる。そのような子供の中には、大人になってから医学に興味を持ち、医師や科学者になる人もいる。もちろん、こういった目的を持って生きるのは有益な人生だ。自分が死と戦うだけでなく、他者が死と戦う手助けもしている。とはいえ、死の影響を受けた人格の原型は、ときにきわめて自己中心的な性格に発展することもある。たとえば、姉の死に大きな影響を受けたある少年は、将来何になりたいかと尋ねられると、医者ではなく「お墓を掘る人」と答えた。そして、なぜその仕事をしたいのかという質問には、「埋められる人ではなく、埋めるほうの人になりたいから」と答えた。この答えは、彼が人生の無益な側面に向かっている証拠である。なぜなら、他者を思いやらず、自分のことしか考えていないからだ。

甘やかされた人の思い出

それではここからは、子供時代に甘やかされた人の記憶について見ていこう。彼らの記憶には、甘やかされて育った人の特徴がよく現れている。甘やかされた人は、よく母親の思い出を話す。母親の話をするのは自然なことかもしれないが、それでもこれは、自分にとって好ましい状況を手に入れるために戦わなければならなかったという証拠でもある。古い記憶に特に大きな意味はないこともたしかにあるが、それでも分析する価値はある。たとえば、ある人がこんなことを思い出したとしよう——「場所は自分の部屋で、自分は座り、母親はタンスの横に立っていた」。何か重要な意味がある記憶とは思えないが、しかし母親の思い出を話すということ自体が、この人の興味の中心に母親がいることの証拠になる。ときには母親の存在が隠れていて、分析が難しくなることもある。そんな場合は、こちらが母親について推測しなければならない。たとえば、ただ「旅行に行った」とだけ答えた人に対しては、同行者について尋ねると、母親が一緒だったことがわかったりする。または、「夏の間ずっと田舎で過ごした」という思い出を語る人がいたら、父親は街に残って働いていて、母親が子供たちと一緒だったのだろうと推測できる。そこで、実際に誰と一緒だったのか尋ねれば、母親の隠れた影響を発見することができるだろう。

母親の思い出を分析すると、その人の中に「上を目指す気持ち」があることがわかる。発達段階にある子供は、母親が与えてくれる「甘やかし」は価値のあるものだと考えるようになる。これは個人心理学の研究にとって大切なことだ。というのも、子供でも大人でも、甘やかされた思い出を語る人は、自分より他の人のほうが好かれるのをつねに恐れていると考えられるからだ。彼らはいつでも緊張し、自分よりひいきされる存在に目を光らせている。そして大人になると、嫉妬深い性格になるのだ。

特別なこだわり

または、ある一点にだけ特別なこだわりを持っている人もいる。たとえば、こんなことを言う子供がいるとしよう。「自分が妹の面倒を見なければならない日があって、妹を守るためにがんばりました。でも妹をテーブルの上に乗せたら、テーブルクロスに引っかかって下に落ちてしまったんです」。この子はお姉さんで、当時はまだ四歳だった。もちろん、四歳の子供に妹の世話を任せるのは早すぎるだろう。自分は妹のためにがんばったのに、こんな結果になってしまった。これは、上の子の心に大きな傷を残す出来事だ。このお姉さんは、大人になると優しい男性と結婚した。むしろ優しすぎて、何でも妻の言いなりになる夫だった。それでも彼女はつねに嫉妬心にさいなまれていた。夫が他の女性のほうを好きになることを恐れ、夫を責めてばかりいた。当然ながら、夫の心は彼女から離れ、子供にばかり関心が向けられるようになった。

または、緊張感がもっと鮮明に現れ、家族の誰かを傷つけたいという明確な意図を持つ場合もある。実際、殺したいと思うことさえある。そういう人は、本当に自分のことしか考えていない。自分以外の人間がみな嫌いで、敵対心を持っている。この感情は、人格の原型の中にすでに現れている。

たとえば、何事も最後までやり遂げることができない男性がいるとしよう。彼がそうなってしまうのは、友達関係で自分より好かれる人が出てくることを恐れたり、または周りの人が自分の上に行こうとしていると疑心暗鬼になっていたりするからだ。自分以外の人が注目されたり、好かれたりすることをつねに警戒しているので、本当の意味で社会の一員になることができない。どんな職業に就いても、彼は異常なほどに緊張している。このような態度は、恋愛や結婚の場面でより鮮明に現れる。

こういった人を完全に治療することはできないかもしれないが、古い記憶を活用すれば、症状を改善することができる。

私たちが治療を行った患者の中に、前の章にも登場した少年がいる。母親と弟と一緒に買い物に行ったことを覚えていた少年だ。途中で雨が降りだすと、母親は最初は彼を抱き上げたが、弟の存在に気づくと、彼を降ろして弟のほうを抱き上げた。その結果、彼は弟のほうが好かれていると思い込むようになった。

古い記憶から見えてくるライフスタイル

前にも述べたように、そのような古い記憶が手に入れば、患者の将来を予測することができる。とはいえ、ここで気をつけなければならないのは、古い記憶はそもそもの原因ではなく、ただのヒントでしかないということだ。実際に起こったことや、その人の発達の過程を示唆しているにすぎない。古い記憶を見れば、その人の目的や、目的を達成するための行動がわかり、乗り越えるべき障害がわかる。その人がどのようなライフスタイルを持つようになったかがわかる。たとえば、性に関することで何かトラウマがあり、そのせいで性にとりわけ強い関心を持っているということがわかるかもしれない。古い記憶について尋ねたときに、何らかの性体験の話が出てくるのは普通のことだ。普通よりも早い時期から性に対して興味を持つ人もいる。性に興味を持つのは人間として自然なことだが、前にも述べたように、興味の度合いや種類は人によってさまざまだ。私たち個人心理学の考えでは、幼少期の思い出の中に性に関する話が出てくる人は、性への関心が異常に強くなる傾向があり、いずれ何らかの問題行動につながることになる。あらゆることを性に関連づけて考える人もいれば、一方で人間にとってもっとも大切な器官は胃であると主張する人もいる。後者もまた、古い記憶が大人になってからの人格と結びついている。

私たちの患者で、いつも落ち着きのない少年がいた。じっと座って勉強することができないので、高校に入学できたこと自体が大いなる謎だった。勉強しなければならないのに、いつも違うことを考え、カフェや友達の家に遊びに行ってばかりいる。そこで私たちは、彼の古い記憶を分析することにした。彼はこんなことを言っていた。「ゆりかごに寝かされて、壁を見ていたのを覚えています。壁紙の模様は、花やいろいろな形でした」。この人物にできるのは、ゆりかごに寝ていることだけだ。まだ試験を受けられるほど成熟していない。彼が勉強に集中できないのは、いつも違うことを考えていて、一度に二羽のウサギを追いかけるタイプだからだ。甘やかされて育ったために、自分の力だけで何かを達成することができない。

親に憎まれた子の記憶

さて、ここからは親に憎まれた子供について見ていこう。これはまれであり、極端なケースだ。本当に生まれたときから憎まれていたら、そもそも生きることができない。成長する前に死んでしまうだろう。たいていの子供は、親などの世話をする存在からある程度までは甘やかされ、欲求を満たしてもらえる。憎まれた子供には、非嫡出子、非行少年、望まれない子供などが含まれ、彼らの多くが抑うつを抱えるようになる。彼らの古い記憶には、「自分は憎まれた」という感情がよく登場する。たとえばある男性は、「叩かれたことを覚えています。母親によく叱られました。私が逃げ出すまでずっと罵っているんです」と言っていた。そして逃げる途中で、もう少しで溺れそうになったことがある。

この男性が精神科にやってきたのは、家の外に出ることができなくなったからだ。彼の古い記憶から、家を出たときにとても危険な目にあったことがわかる。この記憶が頭にこびりつき、外に出るたびに危険におびえるようになった。とても賢い子供だったが、試験で一番になれないことをいつも心配していた。怖じ気づいて試験を受けられないこともあった。やっと大学に入学できても、勉強についていけるか不安だった。彼のこういった性質は、すべて危険を経験した記憶から生まれている。

　または、わずか一歳で両親を亡くし、孤児になった男性もこのケースに含まれるだろう。子供のころにくる病を患い、施設に入れられていたが、きちんと面倒を見てもらうことはなかった。誰も彼の世話をしなかった。そして成長すると、人付き合いが苦手で友達が作れない大人になった。彼の古い記憶をたどると、いつも自分以外の人が大切にされると感じていたことがわかる。この感情が、成長の過程で大きな役割を果たすことになった。彼はいつも、自分は嫌われていると感じていた。そのせいで、人生の問題に正面から立ち向かうことができなかった。劣等感にさいなまれていたために、恋愛、結婚、友情、仕事といった人との交流が必要な状況から、いつも逃げ回っていた。

　もう一つ、興味深いケースを紹介しよう。ある中年の男性が、不眠を訴えて診察に訪れた。年齢は四六歳か四八歳、既婚で子供がいる。他人に対してとても厳しく、いつも自分が上に立とうとする性格で、家族に対しては特に威圧的だった。彼のせいで、周りがみなつらい思いをしていた。

　古い記憶について尋ねると、子供のころは両親がケンカばかりしていたという答えが返ってきた。いつもお互いに激しい言葉で罵りあっていたので、彼は父親のことも母親のことも恐れていた。両親からは放置され、不潔な格好で学校に通った。ある日、担任の先生が休みで、代わりの先生がやってきたことがあった。代わりの女の先生はとても仕事熱心で、教育に情熱を傾けていた。先生は彼に可能性を感じ、勇気づける言葉をかけた。他人からそんなふうに認められたのは、彼にとって生まれて初めてのことだった。そこから彼の成長が始まったが、人より遅れているという思いはずっと消えなかった。自分も優秀な生徒になれるとは、どうしても信じることができなかった。その劣等感に追い立てられるように、彼は懸命に勉強した。昼はずっと勉強し、夜になっても遅くまで勉強した。それからというもの、毎晩遅くまで勉強するか、または一晩中起きて自分のしなければならないことについて考えていた。その結果、何かを達成したいのなら、ほぼ一晩中起きていなければならないと信じるようになった。

そして大人になり、優越したいという欲求が、他者への態度、とりわけ家族に対する態度の中に現れるようになった。家族はみな自分より弱いので、自分が支配者になれると信じていた。妻と子供たちは、当然ながら彼のこのような態度に苦しんでいた。

この男性の性格を要約すると、「大きな劣等感を抱えているがゆえに、つねに人の上に立ちたがる性格」となるだろう。これは、いつもピリピリして、過度に緊張している人によく見られる特徴だ。彼らがピリピリしているのは自分に自信がないからであり、その自信のなさを隠すために優越コンプレックスを抱くようになる。もちろんその優越性は、ただの見せかけにすぎない。古い記憶を分析することで、そのような状況の真実の姿に光を当てることができる。

6章

態度と体の動きからわかること

態度に埋めこまれたライフスタイル

前の章でも見たように、古い記憶や空想の世界を分析することで、その人の隠れたライフスタイルが明らかになる。しかし、記憶の分析は、人格の研究に使われる方法の一つにすぎない。さまざまな手法を使って分析することで、ある人の人格の全体像が明らかになるのだ。古い記憶の他には、たとえば態度や体の動きを観察するという方法もある。動きそのものは、態度の中で「表現」されるか、または態度の中に埋め込まれている。そして態度は、人生全体に対する態度、すなわちライフスタイルが表に現れたものだ。

まずは体の動きから見ていこう。人は誰でも、立ち方、歩き方、体の動かし方などを見て、相手の人となりを判断する。いつでも意識的に判断しているわけではないが、相手の動きから受ける印象によって、共感を覚えたり、反感を覚えたりしている。

たとえば、立ち方について考えてみよう。相手が背筋をまっすぐ伸ばして立っているか、それとも体がゆがんでいたり、傾いていたりしているかということは、一目見ただけですぐに気づく。これは特に難しいことではない。ここで注目したいのは、極端な姿勢だ。たとえば、不自然なほど背筋をまっすぐ伸ばして立っている人を見ると、この姿勢を保つにはかなり力がいるだろうと考える。そして、自信がないために、わざと自分を大きく見せているのかもしれないという印象を持つ。つまり、姿勢という小さなヒントで、この人物が優越コンプレックスを抱いているということが推測できる。この人物は、自分を実際よりも勇敢に見せたがっている。実際はビクビクしているのだが、堂々としている自分を演出しているのだ。

その一方で、いつも背中が丸まっている人もいる。そういう姿勢は、ある程度まで、臆病な性格であることを表しているだろう。しかし、心理学という科学では、第一印象をあてにしすぎないように注意することが大切だ。つねに他のヒントも探さなければならない。自分の判断が正しいとほぼ確信できることもあるが、それでも他の要素を吟味して、正しさを証明する必要がある。「猫背の人は本当に例外なく臆病なのか？　彼らは難しい状況になったら、どんな態度に出るだろう？」と自問しなければならない。

猫背の他には、テーブルや椅子など、いつも何かに寄りかかっている姿勢も臆病な印象を与える。そういう人は、自力で立てると思っていないために、何か支えを必要としている。猫背と、寄りかかる姿勢の両方を備えているなら、その人は臆病と判断して間違いないだろう。

立つ姿勢、他者へのアプローチの仕方

子供の場合も、甘えた子供と、自立した子供では、立つ姿勢が異なっている。立ち方や、他者へのアプローチの仕方を見れば、その子がどれくらい自立しているか判断することができる。そのようなケースでは、心理学者は自分の判断を疑う必要はない。判断を裏付ける要素をたくさん見つけることができるからだ。そして、判断に確信が持てたら、その子供を正しい軌道に乗せるために治療を始める。

それではここで、甘えていて、いつも助けを必要としている子供の例を見ていこう。私たちはその子を対象にある実験を行った。母親が先に部屋に入り、椅子に座る。次に子供が部屋に入ると、他の人には目もくれず、まっすぐ母親のところに向かった。そして母親が座っている椅子か、または母親自身に寄りかかった。この結果から、私たちの判断が正しかったことがわかる――つまり、その子は誰かに助けてもらいたがっているということだ。

ここでもう一つ興味深いのは、その子が他者にアプローチする方法だ。他者へのアプローチを見れば、どの程度の共同体感覚があるか、どの程度社会に適応しているかといっ

たことがわかる。どれだけ他人を信用しているかがわかるのだ。いつも他人を避け、一人だけ遠くに立っているような人は、たいてい人生の他の場面でも消極的であり、口数が少なく、黙っていることが多い。

姿勢や動きといった特徴の中に、その人の傾向がはっきりと現れている。それらの特徴をすべてまとめて一人の人間であり、一つの全体として人生の課題に対処しているからだ。ここで、医師の診察を受けに来たある女性の例を紹介しよう。彼女は、診察室に入って椅子をすすめられると、医師の近くの椅子ではなく、遠く離れた椅子に座った。このことから、彼女が一人の人間とだけつながりたいと思っていることがわかる。彼女は既婚だったので、その一人の人間とは彼女の夫ということになるだろう。それに加えて、夫に依存しているタイプだということもわかる。彼女はおそらく、夫がいつも時間通りに帰宅することも要求しているはずだ。一人でいると不安になり、一人で出かけることもなく、他人と会うのも好きではない。医師から離れた椅子に座るという行動から、以上のようなことを推測することができるのだ。しかし、こちらの判断を裏付ける方法は他にもある。

彼女はもしかしたら、「不安でたまらないんです」というようなことを言うかもしれない。この言葉の本当の意味を理解するには、不安は他者を支配する武器になるということを知っている必要がある。不安を訴える人がいたら、それが大人であっても子供であっても、その人を支えている別の人がいると考えることができる。

以前に診察した夫婦は、自分たちは自由思想の持ち主だと主張していた。彼らのような人たちは、配偶者にすべて正直に話していれば、結婚生活で何をしてもかまわないと考えている。現にその夫は何度か浮気をして、すべて妻に報告していた。妻のほうもそれでまったく不満はないようだった。しかし後に、妻は不安の症状に悩まされるようになった。一人で出かけられず、いつも夫が同行しなければならない。彼らのいわゆる自由思想も、不安や恐怖によって変更せざるをえなくなったようだ。

または、いつでも壁のそばにいて、壁に寄りかかっているという人もいる。これは勇気が足りないこと、自立していないことのサインだ。そのような臆病で内気な人の人格の原型を分析してみよう。ある少年は、とても内気で人見知りだった。これは、彼が他者とのつながりを求めていないことを示す重要なサインになる。学校でも友達ができず、いつも学校がなくなればいいのにと思っていた。動きはとてもゆっくりで、階段を降りるときはいつも壁際に寄ってきた。下を向いて歩き、一目散に家に帰る。学校が嫌いだったために、当然ながら成績もかなり悪かった。いつも家に帰りたいと思っていた。父親はすでに亡くなっていて、母親自身も弱い人で、いつも息子を甘やかしていた。

少年を診察した医師は、状況をさらに詳しく知るために母親にも話を聞いた。「夜はベッドに入るのを嫌がりますか？」と尋ねると、母親は「いいえ」と答えた。「夜は泣きますか？」「いいえ」「おねしょはしますか？」「いいえ」

医師は自分の推測が間違っていたのかと考えたが、そこであることを思いついた。少年はおそらく、母親と一緒に寝ているのだろう。どうして医師はそう考えたのだろうか。夜に泣くのは母親の関心を引くためであり、もし母親も一緒に寝ているのなら、泣く必要はない。おねしょもまた、母親の関心を引く手段だ。実際、医師の推測どおり、少年は母親と一緒に寝ていたのだ。

このように、心理学者はたくさんの小さな事実に注目して、一貫したライフプランの全体像をつかもうとしている。人にはそれぞれ目的があり、この少年の場合は、母親といつも一緒にいることが目的だった。目的がわかれば、その人について多くを知ることができる。この少年の場合は、目的を知ることで、知的障害かもしれないという可能性が排除された。知的障害なら、そのような目的のはっきりしたライフプランを持つことはできないからだ。

精神的な態度からわかること

ここまでは体の姿勢や動きについて見てきたが、今度は精神的な態度について見ていこう。攻撃的で負けず嫌いの人もいれば、すぐに降参したがる人もいる。しかし、人間というものは、本当の意味であきらめることはない。あきらめることは、人間の本質に反しているからだ。正常な人であれば、あきらめるのは不可能だ。たとえあきらめるように見えても、そうではない場合よりもさらに格闘する意志があることを示唆している。

たとえば、すぐにあきらめる性格の子供がいるとしよう。そういう子はたいてい、家族の関心を一身に集め、甘やかされている。みんながその子の世話を焼き、何かしろとせっついたりしている。その子はいつでも他人を頼るようになり、周りの人にとっては重荷になる存在だ。そして、これがその子にとって優越性を達成する手段になる。他人に依存することで、他人を支配しようとしているのだ。当然ながら、そのような人生の目的を持つのは、劣等コンプレックスの裏返しだ。その子が自分の力に自信を持っていれば、そんな楽な方法で成功を達成しようとは思わなかっただろう。

この性質を備えた一七歳の少年の例を紹介しよう。彼はいちばん上の子供だった。すでに見たように、いちばん上の子供は、下の子供が生まれると王座から引きずり下ろされるという悲劇を経験することになる。この少年もそうだった。気分の落ち込みが激しく、いつも不機嫌で、仕事にも就いていない。ある日、彼は自殺を試みた。その後、彼はすぐに病院へ行き、自殺を図る直前にある夢を見たと話した。父親を撃つ夢だった。彼のようにうつ状態で不活発な人は、頭の中ではつねに、何らかの行動を取る可能性がある。勉強をしない子供や、働かない大人は、何らかの危険な行為に出る可能性が高いと考えていいだろう。彼らの怠惰な態度は、ただの見せかけであることが多い。そういう人は、いきなり自殺を図ったり、そうでなくても精神に異常を来したりする。彼らの心の状態を正確に把握するのは、心理学者にとっても難しい作業になることが多い。

子供の内気な性格も、大きな危険を秘めているサインになる。内気な子供は慎重に扱わなければならない。早いうちにこの性格を治さないと、一生が台無しになるだろう。内気なままでは、ずっと生きづらさを味わうことになる。私たちの暮らすこの社会では、勇気のある人だけがいい結果を出し、いい人生を送ることができるようになっているからだ。勇気があれば、たとえ失敗してもそれほど落ち込まないが、内気な人は苦しみから逃げ出し、人生の無益な道を選んでしまうだろう。内気な子供がそのまま大人になると、神経症を患ったり、精神を病んだりするようになる。

内気な子供はいつもおどおどしている大人になり、他人がいると吃音が出たり、まったく話せなくなったりする。または、他人を一切避けるようになることもある。

性格はライフスタイルの出した答え

これまで見てきたような特徴は、精神的な態度だ。生まれつきの性質ではなく、遺伝でもない。単なる状況への反応である。目の前に何か問題があるとき、その問題をどう解釈するかは個人のライフスタイルによって決まり、そして解釈の仕方が個人の性格ということになる。つまり性格は、ライフスタイルが出した答えなのだ。もちろん、いつでも哲学者が望むような論理的な答えになるわけではない。子供のころの体験や失敗によって、そのような答えを出すようになったということだ。

精神的な態度はどのような役割を果たしているのか、どうやって形成されたのかということを知りたかったら、正常な大人よりも、子供や異常な人間の精神を分析したほうがわかりやすい。前にも見たように、形成過程にあるライフスタイルのほうが、大人になってからのライフスタイルに比べ、より鮮明に特徴を見ることができるからだ。人格の原型は、まだ熟していない果物にたとえられるかもしれない。成長の過程で、水、栄養、空気を取り込み、環境に合わせて姿を変えていく。人格の原型と、完成されたライフスタイルの違いは、熟していない果物と、熟した果物のようなものだ。人間の場合、熟していない段階のほうが簡単に中身を分析でき、熟した段階でどうなるかということも、だいたいにおいて正確に予測できる。

たとえば、臆病な子供の場合、すべての態度の中に臆病な性格を見ることができる。臆病な子供と、攻撃的で戦う子供の間には大きな違いがある。戦う子供には例外なくある程度の勇気があり、そして勇気は、個人心理学で「コモンセンス」と呼んでいるものから自然に発生する。とはいえ、状況によっては、臆病な子供が英雄的な行動を取ることもある。それが起こるのは、臆病な子供が意識して一番になろうとするときだ。ある少年の例を紹介しよう。その少年は泳ぐことができなかったが、ある日他の少年たちから泳ぎに誘われた。水は深く、泳げない少年はもう少しで溺れそうになった。これはただの無謀な行為であり、本当の意味での勇気ではなく、それゆえに人生における無益な行為だ。少年が泳ごうとしたのは、ただ単に周りに認められたかったからだ。そのために危険を無視し、他の人が助けてくれることを期待していた。

運命に抗する勇気

勇気と臆病の問題は、運命を信じるかどうかということと深い関係がある。運命を信じる気持ちが、有益な行動を取る能力を決めているからだ。たとえば、大きな優越感を持ち、自分にできないことは何もないと信じている人がいたとしよう。自分は何でも知っていると思い込んでいるので、何も学ぼうとしない。そのような人の行き着く先は、誰でも想像できるだろう。これが子供だったら、学校の成績が悪くなる。または、いつもいちばん危険なことをやりたがるタイプの人もいる。自分は無敵であり、負けるわけがないと信じている。そしてたいていの場合、悲惨な結果に終わるのだ。

このように「自分は大丈夫」という運命を信じる人は、たいてい人生で大変なことが起こり、それを無傷で乗り越えたという経験がある。たとえば、ひどい事故にあっても死ななかったというような経験だ。その結果、自分が生き残ったのには意味がある、自分にはもっと重大な役割があるのだと信じるようになる。かつての患者にもそういう男性がいた。自分は無敵だと信じていたのだが、その期待に反する経験を何度かくり返すうちに自信を失い、すっかり意気消沈してうつ病になってしまった。いちばん大きな心の支えを失ったからだ。

この男性に古い記憶について尋ねると、とても重大な経験について話してくれた。ある日、ウィーンの劇場に行こうとしていたのだが、その前に何か予定があった。そして予定をすませて劇場に到着すると、なんと劇場は火事になっていたのだ。すべてが燃えてしまったが、彼は生き残った。そんな経験をしたのなら、何があっても自分は大丈夫と信じてしまうのもうなずけるだろう。すべてはその調子でうまくいっていたが、結婚生活に失敗して彼の人生は一変した。すっかり打ちのめされてしまったのだ。

運命を信じるという姿勢は、人生でとても大きな役割を演じている。個人だけでなく、ある民族や文明の全体にも影響を与えることがある。しかし私たち心理学者の仕事は、それが精神活動やライフスタイルに与える影響を解明することだけだ。運命を信じることは、多くの意味で単なる逃避である。人生における有益な行為を目指して努力することから逃げているのだ。そのため、運命を信じることは、間違った「心の支え」であると言えるだろう。

嫉妬について

嫉妬の感情は、人間関係でもっともよく見られる感情の一つであり、影響力も大きい。嫉妬の感情を持つのは、劣等感の表れである。もちろん、どんな人でも他人をうらやむことはあるだろう。少しぐらいの嫉妬心なら特に害はなく、ごく普通のことだ。しかし、嫉妬心を有効に利用するように気をつけなければならない。「うらやましい」という気持ちを利用して、さらに努力したり、問題に立ち向かったりすることが大切だ。そういう嫉妬心であるなら、人生において有害ではない。そのため、誰でも持っている多少の嫉妬心は、ここでは問題なしとしよう。

しかし、「うらやましい」ではなく、「ねたましい」と感じるほうの嫉妬心は、人生における無益な態度につながる。ねたみ深い人は、どうしたって有益な人にはなりえない。

それに加えて、ねたみの感情は、深く刻み込まれた劣等感から生まれている。ねたみ深い人は、パートナーをつなぎ止めておく自信がない。そのため、パートナーに何らかの影響力を行使したいと思うときは、いつも嫉妬心を表に出して自分の弱さを露呈することになる。そのような人の人格の原型を分析してみると、「何かを奪われる」という原体験があることがわかる。嫉妬深い人は、たいてい過去に「王座を追われる」という体験をしていて、また同じ目にあうのを恐れているのだ。

女性が男性に抱く嫉妬

ここまでは嫉妬心の一般的な問題について見てきたが、ここからは個別の例について考えていこう。具体的には、女性が男性に対して抱く嫉妬心だ。男性は女性よりも社会的に上の地位にあるために、男性になりたがる女性や少女はたくさんいる。この感情はよく理解できる。世の中を公平な目で見れば、あらゆる場面で男性が主導しているのがわかるからだ。男性だというだけで、女性より価値があるとされ、高く評価され、尊重される。これは倫理的に正しくない風潮であり、是正していかなければならないだろう。このような社会に育つ少女は、家庭内のようすを観察して、男性や少年のほうがのびのび暮らしていることに気づく。彼らは多くの点でより自由だ。少女たちは自由に生きる男たちを見て、自分の役割に不満を抱き、やがて少年のようにふるまうようになる。その行動はさまざまな形を取り、たとえば男の子の服を着たりする。少女の両親も、男の子の服のほうが動きやすいという理由で特に反対はしない。少女が少年のようにふるまう行動の多くは有益であり、禁止するべきではないだろう。しかし、中には無益な行動もあり、たとえば男の子の名前で呼ばれたがったりするのがそれに当たる。そのような少女は、自分が決めた男の子の名前ではなく、本当の名前で呼ばれると、本気で腹を立てる。こういった態度が単なる遊びではなく、心の奥にある何かを反映しているのなら、それは危険な兆候だ。たとえば、大人になってからも女性であることに不満を持ち、結婚生活で失敗するかもしれない。

女性が動きやすい服装をするのは有益な行為なので、これを批判するのは間違っている。多くの点で、女性が男性のようにふるまい、男性のように働くのは正しいことだ。しかし、女性という性に不満を持ち、男性の悪いところも真似ようとするのは間違っている。

この危険な傾向は、思春期の時期に現れることが多い。思春期は人格の原型が汚染される時期でもあるからだ。少女の未熟な精神が、少年の持つ特権に嫉妬し、少年の真似をするようになる。これもまた、優越コンプレックスの一形態であり、正しい発達からの逃避でもある。

前にも述べたように、少女のこのような態度は、恋愛や結婚にとって大きな障害になる。ただし、この傾向を持つ少女も、結婚したくないというわけではない。この社会では、結婚しないことは失敗とみなされるからだ。そのため結婚に興味がない少女も、結婚はしたいと思っている。

たとえ男女平等を信じていても、女性が「男性になる」ことを目指すのには異を唱えなければならない。性の平等は、物事の自然な形から逸脱せずに達成されるべきだ。「男になる」という形の抵抗は、現実に対する盲目的な反乱であり、それゆえに優越コンプレックスの一種とみなされる。実際のところ、男になるという抵抗は、あらゆる性機能に悪い影響を与える。多くの深刻な症状につながり、その起源をたどっていくと、だいたい子供時代に行き着くことになる。

少女になりたがる少年

少年になりたがる少女ほど多くはないが、少女になりたがる少年というのも存在する。彼らがなりたいのは普通の少女ではなく、過度に異性を誘惑するような少女だ。彼らは化粧をしたり、髪や服に花を飾ったりして、浮ついた少女のようにふるまう。これもまた、優越コンプレックスの一形態と言えるだろう。

このようなケースを分析すると、女性が権力を握っている環境で育った少年が多いことに気づく。女性のほうが偉いために、少年は父親ではなく母親を真似て育つのだ。

私たちのところに、性の悩みで診察に訪れた少年がいた。彼はいつも母親と一緒にいるという。父親は家庭内でほぼ不在の状態だった。母親は結婚前に裁縫の仕事をしていて、結婚後もある程度は続けていた。少年はいつも母親のそばにいたので、母親が作るドレスに興味を持つようになった。自分でも裁縫を始め、女性用のドレスのデザイン画を描くようになった。母親がいつも四時に出かけて、五時になると帰ってきていたので、少年は四歳のころから母親の行動で時間がわかったという。この事実からも、彼がどれだけ母親に興味を持っていたかがわかるだろう。母親の帰りをいつも待ちわびていたので、時計の読み方を覚えてしまったのだ。

そして学校に上がると、彼は少女のようにふるまうようになった。スポーツやゲームにはまったく参加しなかった。他の少年たちは彼をからかい、彼にキスすることさえあった。この年頃の少年は、女の子のような少年にこのような行動を取ることがよくある。ある日、学校で劇を上演することになり、その少年は女の子の役を与えられた。彼の演技はとてもうまく、観客の多くは本当に女の子だと信じていた。客席にいた男性の一人が、少年に恋をしてしまったほどだ。そこでこの少年は、自分は男としては認められていないが、女としてならこんなに認められるということに気づく。これがきっかけとなり、彼は後に性に関する問題を抱えるようになったのだ。

7章

夢とその解釈

夢を通して無意識を読み解く

個人心理学においては、意識と無意識がともに一つの全体を形成していると考える。その点については、これまでに何度も触れてきた。前の二つの章では、「意識」の部分にあたる「記憶、態度、動き」の解釈について見てきたが、この章からは、同じ手法を用いて、無意識（または半意識）の部分にあたる「夢」を解釈していこう。夢の解釈でも同じ手法を用いるのは、夢もまた人間の全体を構成する要素であり、目が覚めているときの行動と同じくらいの重要性があるからだ。心理学の他の学派では、つねに夢に対する新しい見方を模索しているが、私たち個人心理学は、夢もまた、精神の動きや表現を構成する重要な一部分であると考えている。

すでに見たように、人間の意識があるときの言動は、優越性を目指すという目的によって決められている。その点は夢も同じだ。夢はいつでもその人のライフスタイルの一部であり、その核には人格の原型が存在する。むしろ、ある原型からある夢が生まれる過程を理解しなければ、本当の意味で夢を解釈できたとは言えないだろう。それに加えて、自分がよく知っている人であれば、その人の夢の性質をほぼ正確に推測できるはずだ。

たとえば、「人類は全体として、かなり臆病である」という事実について考えてみよう。この一般的な理解から、人間がもっともよく見る夢は、恐怖や危険、不安の夢であるということが推測される。そのため、人生の課題から逃げたがる傾向のある人なら、おそらく「落ちる夢」をよく見るだろう。このような夢は、「それ以上先に行ってはいけない。きっと失敗する」という警告の役割を果たしている。この人物は、自分の将来への展望を、「落ちる」という動きで表現しているのだ。実際、落ちる夢を見る人はたくさんいる。

具体的には、たとえば試験前の学生が見る夢がそのいい例になる。その学生は、何事も簡単にあきらめる性格だとする。彼が試験前の一日をどのようにすごすかは、簡単に想像できるだろう。朝から晩まで不安にかられ、集中できず、ついに「時間が少なすぎる」と言ったりする。試験をもっと先に延ばしたいのだ。そして彼は、落ちる夢を見る。この夢の中に、彼のライフスタイルが表現されていると言っていいだろう。彼が目的を達成するには、このような夢を見るしかないからだ。

今度は別の学生について考えてみよう。彼は勉強をがんばっていて、成績も上昇している。勇気があり、試験を恐れていない。逃げる口実を探したりもしない。そして試験の前になると、彼は高い山に登る夢を見る。山頂からのすばらしい眺めに感嘆し、そこで目が覚める。これが彼のライフスタイルであり、この中に何かを達成したいという目的を見て取ることができる。

または、限界にぶつかっている人もいるだろう。ある程度までは進むが、その先へは行けない人だ。その人は、限界についての夢を見る。人や困難から逃げられないという夢を見る。何かに追いかけられる夢を見ることが多い。

次のタイプの夢に進む前に、ここで確認しておきたいことがある。患者の中には、「覚えていないので夢の話はできません。でも作り話はできます」と言う人もいるが、心理学者にとってはそれでもかまわない。本当の夢であっても、作り話であっても、その人のライフスタイルから生まれたという点ではまったく同じだからだ。想像の世界もまた、その人のライフスタイルを表現している。

ある人の想像の世界が現実の世界とまったく違っていても、想像の世界からライフスタイルを読み解くことは可能だ。たとえば、現実から逃避して、いつも空想の世界の中で生きているような人がいるとしよう。その人はおそらく、起きている間はとても臆病だが、夢の世界ではとても勇敢になるだろう。しかしその人をよく観察すれば、勇気のなさや、何事も最後までやり遂げない性格などを示すサインを見つけることができる。たとえ勇敢な夢の世界であっても、そのような性格は必ず表れているのだ。

夢から未来を予測する

夢の目的は、例外なく、優越性という目的を達成するための道を整えることだ。ある人のすべての症状、動き、夢は、自分のいちばん大きな目的を達成するための訓練だ。その目的は、もしかしたらみんなに注目されることかもしれないし、支配者になることかもしれないし、または逃げることかもしれない。

夢の目的は、論理的に表現されるわけではなく、正直に表現されるわけでもない。夢が存在するのは、ある特定の感情や気分を生み出すためであり、夢の曖昧さをすべて解明するのは不可能だ。しかし、夢と覚醒時はたしかに別のものだが、それは程度の違いであって、種類が違うわけではない。前にも見たように、人生の問題に精神がどのように答えるかということは、その人のライフスタイルと関係がある。すでに確立された論理的な枠組みには当てはまらないが、私たち個人心理学者は、社会的な交流を促進するという目的から、精神の活動をより論理的に解釈することを目指しているのだ。覚醒時を「絶対的なもの」として扱うのをやめれば、夢も謎の存在ではなくなるだろう。夢も覚醒時も、同じ「相対的なもの」を表現しているのであり、同じように事実と感情が入り交じっている。

歴史をひもとくと、太古の人類にとって、夢とは常に神秘的な存在であり、予言としての役割を果たしていたことがわかる。夢を予言とする解釈は、半分は当たっていると言えるだろう。実際のところ夢は、夢を見る人が直面している問題と、達成したいと思っている目的を結びつけているからだ。そのため、多くの夢は実現することになる。夢を見ながら予行練習をしているようなものなので、実現に向けて本人の準備が整うからだ。

これを別の表現で説明するなら、夢の中にも、覚醒時と同じように未来を予見するヒントがあるということだ。感性が鋭く、知性を備えた人であれば、自分の覚醒時を分析する方法でも、夢を分析する方法でも、未来を予測することができる。これは診断と同じだ。たとえば、知り合いが死ぬという夢を見たあとに、その知り合いが実際に死んだとしよう。その知り合いの身近な人や担当の医師であれば、これは十分に予見できる死だった。つまりこの夢を見た人は、起きているときではなく、寝ているときに思考を行っていたということだ。

夢には予言の機能があると考えられていて、実際にある程度までは当たっている。だからこそ、いわゆる「予知夢」というものは迷信にすぎないのだ。一般的には、迷信深い人が予知夢を信じる傾向がある。そうでなければ、自分は預言者だと主張するために、夢の力を利用しているだけだ。

予知夢という迷信や、夢にまつわる神秘性の謎を解くには、ほとんどの人が自分の夢を理解していない理由を説明する必要があるだろう。そもそも起きているときでも、自分のことを理解している人はほとんどいない。自己をふり返り、客観的に分析できれば、自分がどこに向かっているかということがわかるのだが、それができる人はごく限られている。そしてすでに見たように、夢の分析は、覚醒時の分析よりも複雑で、答えがはっきりしない。そう考えれば、たいていの人が夢を正しく分析する能力を持たないのも当然だろう。そして無知であるがゆえに、夢占いのような偽物を信じてしまうのである。

夢は心の中で創造される

夢の理論を理解するには、夢と一般的な覚醒時を直接比べるのではなく、個人の勝手な思い込みが形になったものとしての現象と比べるといいだろう。この現象については、犯罪者、問題児、神経症患者などの分析ですでに見てきたので、読者も覚えているはずだ。彼らは、あることを本当だと信じようとするために、ある種の感情、気質、気分などを作り出している。たとえば殺人者であれば、「この人物に生きる場所はなかった。だから私が殺してあげた」などと言って、自分の行為を正当化しようとする。「生きる場所がない」

という思い込みを強調し、ある種の感情を自分の中に生み出すことで、殺人という行為への準備を整えたのだ。

または、嫉妬深い人なら、誰それがいいズボンを持っているが自分は持っていない状況を重視し、相手をねたむようになる。そしていいズボンを手に入れることで、優越性という目的を達成しようとする。夢の中である種の感情を生み出し、目的を達成することを目指すのだ。実際、有名な夢の中に、その傾向を見ることができるだろう。たとえば、聖書に登場するヨセフの夢がそうだ。ヨセフは、さまざまなものが自分の前にひれ伏すという夢を見た。実際、ヨセフは父親に溺愛され、自分だけ色鮮やかな外套をもらったりするのだが、それが兄弟たちの恨みを買い、迫害されることになった。

または、古代ギリシャの詩人シモーニデースにも有名な夢がある。シモーニデースは小アジアに招かれて講演を行うことになった。しかし彼はどうしても行く気にならず、船を港に待たせたままずっと先延ばしにしていた。友人たちはなんとか彼を説得しようとしたが、すべて無駄に終わった。そのとき、シモーニデースは夢を見た。以前に森で見つけた死んだ男が現れ、「あなたは森の中で私の死体をとても丁重に扱ってくれたので、ぜひお伝えしたいことがある。小アジアに行ってはいけない」と言ったのだ。シモーニデースは目を覚ますと、「私は行かない」と宣言した。しかし彼は、その夢を見る前から行きたくないと思っていた。彼の心はすでに決まっていて、夢はただ、その決心を裏付ける感情を生む役割を果たしただけだ（彼自身は自分の夢を理解していなかったが）。

自分をあざむくためにある特定の幻想を作り出し、その幻想から希望通りの感情を生み出す——これが、たいていの夢の正体だ。

シモーニデースの夢からは、夢を解釈する手順も読み解くことができる。第一に、夢とは、その夢を見る人の創造的な力の一部だということを理解しなければならない。シモーニデースも夢の中で、森で死体を見つけたという経験を選び、自分の想像力を使ってその続きの物語を創作した。なぜこの詩人は、数ある経験の中からこの出来事を選んだのだろうか。当然ながら、それは彼が「死」のことで頭がいっぱいになっていたからであり、それはなぜかというと、船に乗って遠くまで出かけることに不安を覚えていたからだ。当時の船旅には危険がつきものなので、彼は躊躇していた。ただ船酔いを心配していたのではなく、沈没することも恐れていたのだろう。この心配事が頭にあったために、森の死体というエピソードを夢の中で選んだのだ。

夢をこのようにとらえると、夢を解釈するという仕事もそれほど難しくなくなるはずだ。夢の中に登場する場面、記憶、空想などは、すでにその人の心の中で決まっていることを裏付けるという役割を果たしているのだ。夢の中身を見れば、その人の傾向がわかり、そしてひいてはその人が達成したいと思っている目的がわかる。

夢にあらわれた願望

ここで、ある結婚している男性の夢について考えてみよう。彼は家庭生活に満足していなかった。子供は二人いるが、妻が子育てに熱心でないことをいつも心配していた。そのことでつねに妻を批判し、妻を変えようとしていた。そしてある夜、彼は三人目の子供が生まれるという夢を見た。その子は行方不明になり、発見されなかった。そこで彼は、不注意で子供を失った妻を叱責した。

この夢の中に、彼の傾向を見て取ることができるだろう。彼は日頃から、二人の子供のどちらかがいなくなることを心配しているが、夢の中で実際にその出来事を起こす勇気はなかった。そこで三人目の子供を作り出し、その子がいなくなるというシナリオにしたのである。

この夢からもう一つわかるのは、彼が自分の子供を愛していて、失いたくないと思っていることだ。それに、妻は二人の子供でも手一杯で、三人も世話をすることはできないとも考えている。三人目が生まれても、きっと死んでしまうに違いない。そこから、この夢のもう一つの側面が見えてくるだろう。つまりこの男性は、三人目を作るかどうか悩んでいるということだ。

この夢が実際に果たした役割は、彼の中に妻に反する感情を生み出したことだ。現実には子供はいなくなっていないのだが、目を覚ました彼は、妻に対して反感を持っている。このように、朝起きてすぐに不機嫌だったりするのは、夢によって生まれた感情の結果であることが多い。これはたとえるなら酒に酔ったような状態であり、うつ病にも似ている。うつ病もまた、敗北、死、喪失といった概念に酔った状態だからだ。

またこの夢からは、自分が絶対的に優位に立てる物事だけを選んでいるということもわかる。この男性は、子供への関心という点で、妻に対して優越感を持っている。「私は子供のことを気にかけているが、妻は違う。そのせいで一人の子供が失われた」と考えているのだ。つまりこの夢からは、彼の「上に立ちたい」という傾向も読み取ることができる。

夢の解釈に公式はない

夢を解釈する近代的な手法が確立されたのは、今から二五年ほど前のことだ。たとえばフロイトは、夢の役割は幼児期の性的欲求を満たすことだと考えていた。しかし、私たち個人心理学はこの考えに同意できない。もし夢が性的欲求を満たすために存在するなら、あらゆることが「欲求を満たすため」という解釈になってしまう。すべての思考は、夢と同じように、潜在意識の奥深くで生まれ、顕在意識まで昇ってくるという動きをする。つまり、「性的欲求を満たす」という公式は、結局は何も説明していないということになってしまうのだ。

その後フロイトは、夢には「死への欲求」も含まれていると主張するようになった。しかし、たとえば先ほど登場した男性の夢は、この公式で説明することはできないだろう。彼は子供の死を望んではいないからだ。

つまり、夢の解釈には、ある決まった公式は存在しないということだ。これまで見てきたように、現実の世界の統一性や、夢には感情を生む力があるといった考え方はたしかに存在するが、それだけだ。夢はある感情を喚起し、その感情に自分がだまされるのだが、それは主に比較と比喩によって表現される。比較を用いるのは、自分や他人をだますのに最適な方法の一つだ。比較を持ち出すのは、現実や理論で説得する自信がないからだと判断できる。突拍子もない比較を使って、相手に影響を与えようとしているのだ。

詩人でさえも読者をだましているが、それは心地よい嘘であり、読者も詩的な比喩や比較を楽しんでいる。ただし詩の言葉は、普通の言葉よりも感情に訴える力が強い。たとえばホメーロスが、ギリシャ兵がライオンのように大地を駆けるという比喩を使ったとしよう。まともな思考力を持っていれば、その言葉にだまされることはないが、詩的な気分であればその言葉から何らかの影響は受ける。この言葉を書いた詩人には、驚異的な力があると信じさせられる。もしホメーロスが、ただ兵士の服や武器を写実的に描写していたら、言葉がここまでの影響力を持つことはないだろう。

これは普通の人たちの場合でも同じだ。誰かを説得しようとしていて、それが難しいとわかると、私たちは比較を用いて説明しようとする。前にも述べたように、比較を使うのは自分をだますことであり、それゆえに夢の中に頻繁に登場するのである。夢に登場する絵やイメージは、芸術的に自分を酔わせていると言っていいだろう。

夢を見ない人がいるのはなぜか

おもしろいことに、夢は感情に影響を与えるという事実から、夢を見ないようにする方法を生み出すことができる。自分がどんな夢を見ているかを理解して、自分が感情的に酔わされていることを自覚していれば、夢を見るのをやめることができるのだ。夢の正体を知ってしまえば、もう夢を見る意味はなくなる。少なくとも今これを書いている筆者は、夢の意味を自覚するのと同時に、実際に夢を見なくなった。

もしかしたら、この自覚が効力を発揮するには、完全な感情の転換が必要なのかもしれない。筆者の場合は、最後の夢を見たときにそれが起こった。その夢を見たのは戦争中のことだ。当時の私は、自分の職務を果たすために、ある人物が危険な前線に送られないよう尽力していた。そして夢の中で、「誰かを殺した」という感情が生まれたが、誰を殺したのかはわからない。私は罪悪感にかられ、「いったい自分は誰を殺したのだろう」と悩んだ。しかし実際のところ、私はただ、「その兵士を安全な場所に置き、死から遠ざけるために尽力する自分」という考えに酔っていただけだ。夢で生まれた感情はこの考えを促進する役割を果たしているが、夢は自分をだますためにあるという事実に気づいた私は、夢を見ることを一切やめてしまった。自分がしたいこと、したくないことは論理的に判断できるので、夢によって自分をだます必要はないからだ。

以上のことは、「なぜ夢をまったく見ない人がいるのか?」という、よくある疑問の答えになっているかもしれない。夢を見ないのは、自分をだましたくない人たちだ。彼らは論理的で、活動的で、問題に正面からぶつかる覚悟がある。夢を見ることがあってもすぐに忘れてしまうので、本人は夢を見ないと思っている。

または、人間はつねに夢を見ているが、見た夢の大半を忘れてしまうという説もある。

その説が正しいとするなら、夢をまったく見ない人がいるという事実についても考え直す必要があるだろう。彼らも夢を見ているが、見た夢をいつも忘れてしまうということになる。しかし、筆者はその考えに同意しない。まったく夢を見ない人と、夢を見ても忘れてしまう人の両方が存在すると考えている。この種の議論の性質を考えると、確固とした反論を提供するのはたしかに難しいが、「誰でも夢を見るが忘れてしまう」という説を唱える人たちが証明の義務を負うべきだろう。

繰り返し見る夢

人はなぜ同じ夢を何度も見るのか。これはたしかに興味深い現象だが、はっきりした答えは存在しない。とはいえ、何度も見る夢の中には、その人のライフスタイルをより明確に見て取ることができる。その人の優越性の目的がどこにあるか、はっきりと教えてくれているのだ。

たとえば長く続く夢の場合は、本人の準備がまだできていないと考えられるだろう。問題と、目的の達成の間に橋を架けようとしている段階だ。そのため、分析にもっとも適した夢は、短い夢ということになる。たった一つのイメージや、二、三の言葉しか出てこない夢もあり、そういう夢を見るのは、自分を手っ取り早くだます方法を探しているからだ。

人は眠っても覚醒している

最後に、眠りの問題についても考えておこう。あまりにも多くの人が、眠りのことで無駄に頭を悩ませている。彼らは、眠りは覚醒の反対だとみなし、そのために「死の兄弟」という表現を使ったりする。しかし、これは間違った見方だ。眠りは覚醒の反対ではなく、むしろ覚醒の一つの状態である。寝ているときも、生きている状態から切り離されているわけではない。寝ていても頭を使って考え、聞いている。同じ人であれば、寝ているときも起きているときも同じ性格の傾向が表れる。だからこそ母親の多くは、外の騒音ではまったく起きないのに、赤ちゃんが少しでも動くだけですぐに目を覚ますのだ。母親は寝ている間も、赤ちゃんに関心を持っている。また、寝ている間にベッドから落ちないのも、ベッドの端をきちんと認識しているからだ。

寝ているときも覚醒時も、同じ人であれば同じ人格が表現されている。催眠術という現象もこれで説明できる。催眠術は一見すると何かの魔法のようだが、実際は眠りの一形態にすぎない。ただしこれは、眠っている人が命令に従いたいと思っていて、しかも相手が自分を眠らせたがっていると自覚しているような眠りだ。これと同じ現象をもっと簡単な形にすると、たとえば親が子供に向かって「もう寝なさい！」と言い、子供がそれに従うようなケースだ。催眠術もまた、結果が出るには相手が従順である必要がある。催眠術がどれくらい成功するかは、相手の従順の度合いによって決まるのだ。

催眠術を使えば、場面や思考、記憶などを、相手に創造させることができる。これは、相手が起きていたら、抵抗にあってできないことだ。ここで必要なのは、相手が命令に従うことだけである。催眠術を使えば、本人は忘れていた古い記憶が蘇り、それが何らかの解決策を提供してくれるかもしれない。

しかし、催眠術を精神科の治療に使うことには危険もある。筆者は催眠術が好きではなく、使うのは患者がこの方法しか信用しない場合だけだ。催眠術をかけられた人は、たいてい恨みがましくなる。初めのうちは困難を乗り越えるが、根本のライフスタイルはそれほど変わらない。これは投薬や、機械的な手法と似ていると言えるだろう。患者の本質に触れることはないからだ。精神科医が本当にしなければならないのは、患者に勇気と自信を与え、自分の間違いをきちんと理解してもらうことだ。催眠術にその力はないので、まれなケースを除いては、やはり使わないほうがいいだろう。

8章

問題を抱えた子供と教育

教育には心理学の知識が必要

子供の教育はどのように行えばいいのだろうか？　これは現代社会でもっとも重要な問いであり、個人心理学が大きく貢献できる分野である。家庭教育であっても、学校教育であっても、その目的は、子供それぞれの個性を引き出し、正しい方向に導くことだ。そのため、適切な教育の技術には心理学の知識が必要になる。むしろ、すべての教育は、「生きる技術」という心理学の一分野であるとも言えるだろう。

まずは基本を確認しておこう。教育の大原則は、大人になってからの人生と矛盾しない事柄を教えなければならないということだ。それはつまり、国家の理想と矛盾しない教えということになる。国家の理想に基づいて子供たちを教育しなかったら、大人になってからの人生で苦労させることになるだろう。社会の一員として周りに適応することができなくなるからだ。

もちろん、国家の理想は変化する。革命などでいきなり変わることもあれば、社会の進歩によって徐々に変わることもある。とはいえ教育者であるなら、大まかな理想をつねに念頭に置いておくことが大切だ。それはいつの時代も変わらぬ理想であり、状況が変わっても社会に適応する助けになるような理想でなければならない。

国家の理想と学校教育

学校が社会の理想を教える場となっているのは、当然ながら、政府が学校に影響を与えているからだ。政府が直接、親や家族と接することはないが、学校の監督は政府が行っている。

歴史をふり返ると、学校で教える理想は時代によって変わってきたことがわかる。たとえばヨーロッパでは、学校はまず貴族の子供を教育するために設立された。そのため、学校自体も貴族の価値観を持ち、生徒も貴族の出身者だけだ。その後、教育の主体が教会に変わり、宗教教育が主に行われるようになった。教師になれるのは聖職者だけだ。やがて社会が再び変化し、国民がより幅広い知識を身につけることが求められるようになった。教える教科が増え、聖職者だけでは教師の数が足りなくなった。そこで聖職者以外からも教師になる人が出てきた。

専門の「教師」という職業が誕生したのはつい最近のことだ。それまでの教師はたいてい他の職業と兼業であり、靴職人、仕立屋などが教職にも就いていた。彼らにできるのは、鞭を使って叩き込むような教え方だけだ。彼らが教えている学校では、子供の心の問題まで解決することはできないだろう。

ヨーロッパで新しい教育を始めたのは、ヨハン・ハインリヒ・ペスタロッチという人物だ。ペスタロッチは、鞭と罰を使わない教育を初めて導入した。

ペスタロッチの功績は、学校教育における「教え方」の重要性を実証したことだ。きちんとした教育を行えば、どんな子供でも（知能が正常であれば）、読む、書く、歌う、計算するといった能力を身につけることができる。もちろん、最高の教育法がすでに見つかったわけではなく、むしろそれを目指して永遠に進歩していくことになるのだろう。「正しい」の概念と同じように、教育法についても、つねに新しくてよりよいものを求めているのだ。

ヨーロッパにおける学校教育の歴史に話を戻そう。ここで注意しておきたいのは、ある程度の教育法が確立されたすぐ後に、読み、書き、計算の能力を備え、自分の頭で判断できる労働者が大量に必要になったということだ。そのころに「すべての子供を学校へ」というスローガンが登場し、現在ではそれが当たり前になっている。誰もが教育を受けられるようになったのは経済的な要請の結果であり、またその経済的な要請から生まれた理想の結果でもある。

かつてのヨーロッパでは、貴族だけが社会に対して影響力を持っていた。求められる人材も役人と労働者だけであり、高い地位を目指す人たちだけが学校へ行き、それ以外はまったく教育を受けていなかった。当時の国家の理想に合わせた教育システムだったということだ。現在は国家の理想が新しくなり、教育システムもそれに合わせて変化している。子供たちがおとなしく椅子に座り、ただ黙って教師の話を聞くという教育はもう終わりだ。現代の学校では、教師と子供は友達のような関係になっている。上から押しつける教育はもう通用しない。子供たちは、ただ教師の言葉に従うのではなく、より自立心を発揮できるようになっている。当然ながら、そのような学校は民主的なアメリカに数多く存在する。教育は国家の理想に合わせて発展し、そして国家の理想は政策という形で表現されるからだ。

社会性を育てる場としての学校

これまで見たように、国家の理想と学校の関係は有機的なものだ。しかし心理学的な観点で考えると、この関係は教育機関としての学校にとって大きな利点になる。心理学が考える教育の第一の目的は、子供を社会に適応させることだ。そして子供の社会性を育てるなら、家庭教育よりも学校教育のほうが適している。学校のほうが国家の要請と近い関係にあり、子供による批判の影響を受けにくいからだ。学校は子供を甘やかさない。そして一般的に、子供との間に一定の距離を保っている。

一方で家庭の場合は、必ずしも社会の理想が浸透しているわけではない。むしろ伝統的な価値観に支配されていることのほうが多いだろう。親自身が社会に適応し、社会性を育てるという教育の目的を理解しなければ、家庭教育が進歩することはない。社会性がなり、教育の意義を理解している親の元で育った子供は、正しい教育を受け、学校に入る準備が整っている。そして学校に入ると、そこでも正しい教育を受け、社会での自分の役割を見つけることができるのだ。これが、家庭と学校における子供の理想的な発達であり、学校は家庭と国家をつなぐ役割を果たしている。

学校と教師の役割

これまで見てきたように、家庭における子供のライフスタイルは四歳から五歳までにほぼ決まり、それを直接的に変えることはもうできなくなる。新しい学校教育のあり方は、この事実を元に考えるべきだろう。叱ったり、罰を与えたりせず、教育と導きによって、子供の中に共同体感覚を育んでいくのだ。これからの学校は、もう管理と抑圧に頼ることはできない。子供たちそれぞれの問題を理解し、解決していくことが求められる。

一方で家庭の場合は、親と子供の距離が近すぎるために、社会性を身につけるための教育は難しくなる。たいていの親は、自分の好みに合うように子供を教育するために、子供が大人になってから社会に適応できなくなることもある。そうなった子供は、大きな苦労を味わうだろう。まず学校になじめず、そして社会に出ると問題はますます大きくなる。

この状況を改善するには、当然ながら、まず親を教育する必要がある。これは簡単な仕事ではない。相手は大人なので、子供と同じように接することはできないからだ。それに、たとえ親と直接会うことができたとしても、「国家の理想」というものに興味を持ってもらうことができないかもしれない。自分たちの価値観をかたくなに信じているために、変化の必要性を理解しないのだ。

親を変えることは難しいので、私たち心理学者にできるのは、教育に関する理解を広く普及させることだけだ。その際、一番のターゲットはやはり学校ということになるだろう。その理由は、第一に学校はたくさんの子供が集まる場所であり、第二にライフスタイルの誤りは家庭よりも学校のほうが発見しやすいからであり、そして第三に、教師とは子供の問題をより深く理解できる存在だとされているからだ。

普通の子供（もしそのようなものが存在するのなら）なら特に問題はない。健全に発達し、社会に適応した子供が相手なら、いちばん大切なのは彼らを抑圧しないことだ。そのような子供なら、社会にとって有益な手段を用いて、優越性という目的を達成しようとするだろう。だから、彼らはただ自分の道を進めばいい。彼らの優越感は、人生の有益な側面から生まれているので、優越コンプレックスにはなりえない。

一方で、問題児、神経症患者、犯罪者などは、無益な側面から生まれた優越感と劣等感の両方を抱えている。彼らの優越コンプレックスは、劣等コンプレックスの埋め合わせという役割を果たしているのだ。すでに見たように、劣等感はどんな人でも持っているが、劣等感が引き金になって人生の無益な側面に足を踏み入れるようになると、劣等感は劣等コンプレックスに姿を変える。

障害から生まれる問題の是正

劣等と優越にまつわる問題は、すべて学校に上がるまでの家庭生活から生まれている。子供はこの時期に自分のライフスタイルを形成し、それがその子の人格の原型になる。この時期にできる人格の原型は大人になってからのライフスタイルとは違い、たとえるならまだ熟していない果物のようなものだ。熟していない段階で、たとえば虫に食われるなどの問題が起こると、果物が大きく成長し、熟していく過程で、虫もさらに大きくなる。

すでに見たように、体の機能に何らかの障害がある場合、その障害から人格の問題が生まれることが多い。劣等感の根っこには体の障害があるのだが、ここで忘れてはならないのは、障害そのものではなく、障害によって社会に適応しづらいことが問題の原因になっているということだ。そして、教育によって問題を是正するチャンスもそこにある。そのような子供を社会に適応できるように訓練すれば、体の障害は、負債ではなく資産になる可能性がある。すでに見たように、体の障害をカバーするために、特定の能力が大きく発達することがある。訓練によってその能力にさらに磨きをかけ、有益な側面で活用できるようにすれば、その子の人生にとって大きな意味を持つだろう。

ここでのカギは、器官の障害を、どのように社会への適応につなげていくかということだ。そのため、たとえば見ることだけに興味を持っている子供、または聞くことだけに興味を持っている子供がいるなら、教師の仕事は、その子に他の知覚にも興味を持たせることになる。偏った知覚の使い方をしていると、その子は他の子となじめず、孤立してしまうだろう。

左利きを右利きに矯正したために、不器用になってしまった子供は数多くいる。たいていの場合、周りの人は、その子が生まれつき左利きであり、それが不器用さの原因になっていることを知らない。そしてその子は、左利きであるために家の中でも家族と争いが絶えない。私たちの観察によると、そのような子供は、攻撃的な性格になるか（これは利点である）、そうでなければ、落ち込んで気むずかしい性格になる。そして問題を抱えたまま学校に上がると、強気でケンカ好きになるか、または覇気がなく、いつもイライラして、勇気がない子供になる。

甘やかされた子供の教育

また、体の器官に問題のある子供だけでなく、甘やかされた子供の多くも、学校に上がると問題を抱えることになる。学校という組織のあり方を考えると、一人の子供だけがつねに注目されているのは不可能だ。教師がひいきをして、特定の生徒だけを甘やかすということはあるだろうが、それも学年が変われば終わってしまう。甘やかされた子供の問題は、大人になってからさらに大きくなるだろう。私たちの社会では、特に理由もなく一人の人間だけを特別扱いするのは正しくないとされているからだ。

そのような問題のある子供は、すべてある特定の性質を備えている。人生の課題に立ち向かう準備ができていないのだ。彼らはかなりの野心家であり、社会のためではなく、自分の欲求を満たすために周りを支配したいと思っている。それに加えて、彼らは攻撃的で、いつも誰か敵を作っている。たいていは臆病な性格で、人生の課題に立ち向かう気はまったくない。甘やかされた子供は、人生の課題への準備ができていないのだ。

私たちが見たところ、そのような子供には、用心深くて引っ込み思案という特徴もある。人生の課題にぶつかると、解決をいつも先送りにする。そうでなければ、課題の前で立ち止まり、他のことに逃げ込んで、何事も最後までやり遂げることはない。

問題のある子供の性格は、家庭よりも学校の中で顕著に現れる。学校は言ってみれば実験場のようなものであり、子供が健全に発達し、社会や人生の課題に適応しているかどうかは、学校に入ればすぐにわかる。ライフスタイルの誤りは、家庭では見過ごされがちだが、学校では誰の目にもはっきりと現れるのだ。

「誰でもなんでも達成できる」

甘やかされた子供も、器官に問題のある子供も、人生の課題から目を背けようとする。大きな劣等感があるために、課題に立ち向かう強さを奪われているからだ。しかし、学校の中であれば、教師が課題の大きさを調整することができるので、まず小さな課題を与え、問題解決能力を徐々に高めていくことも可能だろう。そうすれば、学校はただ勉強を教えるだけでなく、真の意味での教育の場になれる。

器官に問題のある子供、甘やかされた子供だけでなく、「憎まれた子供」についても考えておかなければならない。ある子供が憎まれるようになるのは、たいてい醜いか、誤解されているか、または体が不自由だからだ。彼らは社会に出る準備がまったくできていない。そのような子供は、おそらくこれまで見た三つのタイプの中でも、学校に上がってからいちばん苦労するだろう。

そこで私たち個人心理学は、教師や学校関係者がどう考えていようとも、学校運営の一環として以上のような問題をすべて理解し、問題のある子供を指導する方法を確立するべきだと提言する。

また、問題のある子供だけでなく、「神童」と呼ばれるような特別に優秀な子供もいる。ときには、ある科目で飛び抜けているために、他の科目でも優秀に見えるということもあるだろう。彼らは繊細で、野心家で、たいていは他の子供たちからあまり好かれていない。子供というものは、他の子が社会に適応しているかどうかということを敏感に感じ取る。特別に優秀な子供は、すごいと思われることはあっても、好かれることはない。

優秀な子供は、たいてい順調な学校生活を送ることができるが、社会に出るとそうはいかない。適切なライフプランをまったく持っていない状態であり、社会参加、仕事、恋愛・結婚という人生の三大課題に直面すると、問題が浮上することになる。人格形成期に起こったことがここで明らかになり、家庭にうまく適応できなかったことの影響が現れてくるのだ。優秀な子供はつねに周りの大人からひいきされるために、ライフスタイルに問題があっても表に出ることはない。しかし、新しい環境に出たとたんに、問題が姿を現すことになる。

興味深いことに、詩人や劇作家の多くはこの問題をよく理解しているようだ。彼らの作品には、優秀な人間が経験する人生の困難がたびたび登場する。たとえば、シェイクスピアの『ヘンリー四世』に登場するノーサンバランド伯という人物がそうだろう。人間心理の達人であるシェイクスピアは、ノーサンバランドを王に忠実な臣下として描くが、最後に本当の危険が訪れると王を裏切らせる。難しい状況になるとその人の本当のライフスタイルが現れるということを、シェイクスピアは理解していたのだ。そして、そもそものライフスタイルを生んだのは、その難しい状況ではない。それより以前にすでにできあがっていたのである。

個人心理学が考える優秀な子供の問題への解決策は、他の問題のある子供の場合と同じである。私たちの見解は、「誰でも何でも達成できる」だ。これは民主的な宣言であり、優秀な子供の肩の荷を降ろす役割を果たしている。彼らはつねに大きな期待をかけられ、特別な存在にならなければいけないと思い込んでいるからだ。指導者が「誰でも何でも達成できる」と信じていれば、優秀でありながら謙虚な性格の子供を育てることができるだろう。彼らは、自分の功績は努力と幸運のおかげだということを認識できる。そのまま努力を続ければ、彼らに不可能なことはない。しかし、たとえ環境や能力に恵まれていない子供でも、教師が正しく指導をすれば結果を出すことができるのだ。

環境や能力に恵まれていない子供は、もしかしたらすでに勇気を失い、劣等感を抱えているかもしれない。人間は永遠に劣等感に耐えることはできないので、劣等感から自分を守る方法を見つけなければならない。彼らが本当に苦労を味わうようになるのは、学校に上がってからだ。問題の大きさに圧倒され、勉強を怠けたり、または学校へ行くのをやめてしまったりする。彼らは学校に行っても意味がないと思い込んでいる。もしその思い込みが正しいのなら、彼らは合理的に考え、言動が首尾一貫していると認めざるをえないだろう。しかし、個人心理学はこの思い込みが正しいとは考えない。むしろ、どんな子供でも学校で何かを学び、人生の有益な側面に生かせると信じている。もちろん失敗もするだろうが、そのたびに正しい方向に導いていけばいい。

学校での行動と家庭での行動

しかしながら、現状では、問題のある子供の指導が適切に行われているとは言いがたい。子供が学校で問題を抱えると、母親は心配し、さらに子供に対して厳しくなる。子供が学校で悪い成績を取ったり、先生に注意されたりすると、家に帰ったときに母親からさらに厳しく叱責されることになる。そういう子供は、甘やかされているために家ではたいていいい子なのだが、学校へ行くと隠れていた劣等コンプレックスが姿を見せる。そして子供は、自分を甘やかす母親を憎む。ずっと母親にだまされていたと感じるからだ。子供の中で、母親の印象ががらりと変わる。新しい状況の中で不安ばかりが大きくなり、母親が優しく甘やかしてくれたことはすっかり忘れてしまうのだ。

逆に、家で反抗的な子供は、学校ではとてもおとなしくなることが多い。静かで、落ち着いていて、抑圧されているように見えることもある。ときには母親が学校にやってきて、「この子は本当に手がかかります。いつもケンカばかりです」と訴えたりする。すると教師は、「学校ではずっとおとなしく座っていて、まったく動きません」と答えるのだ。または、逆の場合もある。母親が「この子はとてもおとなしくてお行儀がいいんです」と言うと、教師のほうは「この子のせいでクラスがめちゃくちゃです」と答える。この種のケースは容易に理解できるだろう。家で甘やかされている子供は、家ではいつも落ち着いて行儀よくしていられるが、学校では甘やかしてもらえないので、関心を引こうと攻撃的になる。または、その逆の場合もありうるだろう。

たとえば、ある八歳の女の子は、学年トップの成績で友達にも好かれていた。しかし彼女の父親が精神科医を訪ね、「娘はとても性格がきついのです。まさに暴君です。私たちはもう耐えられません」と訴えた。この状況は、どう説明すればいいだろうか。彼女は、弱い家族に産まれた最初の子供だった。子供にこんなに苦しめられるのは、弱い家族だけだ。下の子供が生まれると、彼女は自分の地位が脅かされると感じた。いつまでも親の関心を独り占めしたかったので、それを手に入れるために戦うようになった。一方で学校では、成績優秀でみんなに好かれていたので、関心を求めて戦う必要がなかった。そのため、健全に発達したのである。

または、家庭と学校の両方で問題を抱える子供もいる。家族も学校も子供に不満を持つので、その子の問題はますます大きくなる。たとえば、家でも学校でもだらしない子供がいるとしよう。家でも学校でも同じようにだらしないのであれば、問題の原因はそれ以前の出来事になると考えられる。いずれにせよ、子供の問題を判断するときは、家庭での行動と、学校での行動の両方を考慮しなければならない。子供のライフスタイルと、子供がどこに向かっているかを正確に理解したいなら、すべての要素が重要になるのだ。

学校でのいじめと勇気の再構築

健全に発達しているように見える子供でも、学校に上がって新しい状況に直面すると問題が露呈するということもある。この状況になるのは、たいてい学校で教師や他の子たちから敵視されているようなときだ。ヨーロッパを例に考えると、貴族の子供のための学校に、平民の子供が入学してきたような場合だろう。親が裕福で見栄っ張りだったために、貴族の学校に入れられたのだ。しかし自分だけが貴族ではない状況で、その子は仲間はずれにされた。その子も学校に入るまでは、甘やかされていたか、または少なくともごくまともに育っていただろうが、いきなり敵意に満ちた環境に放り込まれてしまった。子供の仲間はずれやいじめは、極めて冷酷になることもある。そうなると、むしろ耐えられるのが不思議なくらいだ。たいていの場合、子供は学校でいじめられていることを親には言わない。恥ずかしいと思っているからだ。ただ黙って苦しみに耐えている。

そのような子供が一六歳から一八歳になり、大人と同じように、社会に出て人生の課題と正面から向き合わなければならない年齢になると、そこから前に進めなくなってしまうことがしばしばある。それまでのつらい経験で、勇気と希望をすっかり失っているからだ。そして、社会生活でのつまずきが、そのまま恋愛と結婚でのつまずきにもつながっていく。

私たち心理学者は、そのような人たちに対して何ができるのだろうか。彼らは、エネルギーを発散する手段を持たない。世界から実際に切り離されているか、または切り離されていると感じている。ここで、他者を傷つける目的で自分を傷つけるようなタイプの人だったら、自殺を選ぶかもしれない。または、ただ消えたいと思う人もいる。彼らは精神病院に逃げ込む。かつては持っていた数少ない社交能力さえも、すべて捨ててしまう。社会に通じる話し方をせず、人間を避け、つねに世界を敵視している。心理学的には、これらの症状は統合失調症、精神障害と呼ばれる。この症状を治療するとしたら、まず患者の勇気を再構築する必要がある。これはとても難しいケースだが、治療することは可能だ。

「生まれた順番を考慮する」

以上に述べたように、子供が抱える教育上の問題を解決するには、子供のライフスタイルを正確に診断することがいちばん大切になる。そこでここからは、個人心理学が開発した、診断の手法について見ていこう。ライフスタイルの診断は、当然ながらさまざまな場面で役に立つが、やはり教育の場で活用することが特に重要になる。

人格形成期にある子供を直接観察するという方法の他に、個人心理学では、古い記憶や将来の夢を尋ねたり、子供の姿勢や体の動きを観察したり、子供の生まれた順番を考慮したりといった手法を使っている。これらの手法についてはすでに見てきたが、ここでもう一度「生まれた順番を考慮する」という手法を確認しておいたほうがいいだろう。この手法は教育とより密接なつながりがあるからだ。

前にも述べたように、子供の生まれた順番でまず重視すべきなのは、最初の生まれた子供の立場だろう。彼らはしばらくの間、たった一人の子供として大人の関心を独占しているが、下の子供が生まれたとたんに王座から陥落する。それまでは絶大な力を握っていたのに、あっさりと失ってしまうのだ。そして二番目以降の子供は、最初の子供ではないという事実によって性格や心理状態が決まっている。

私たちの観察によると、いちばん上の子供は保守的な考えを持っていることが多い。権力を持つ者は、ずっと権力の座にあるべきだと考えている。自分が力を失ったのは単なる偶然だと考え、権力を心から賞賛している。

二番目の子供の場合は、状況がまったく異なる。彼らは「中心人物」ではなく、上の子供を「ペースメーカー」にして前に進んでいく。つねに上の子供に追いつこうとしている。権威を認めないが、権力の座を狙ってもいる。負けず嫌いで、競争ではつねに勝ちを目指す。彼らの姿勢や動きを見れば、つねに上を目指しているのがわかる。科学や自然の法則を変えてやろうと思っている。革命家のような性格だが、政治ではなく、社会生活や対人関係で革命を起こそうとしている。

たとえば聖書に登場するヤコブとエサウの物語は、典型的な第一子と第二子の関係を描いていると言えるだろう。

上のきょうだいがかなり大きくなってから、いちばん下の子供が生まれたというケースでは、いちばん下の子供は最初の子供と同じような状況に置かれることになる。

年の離れた末っ子という立場は、心理学的にとても興味深い研究対象だ。末っ子とは文字通りの意味で、つねに家族の中でいちばん若い存在で、さらに下に子供が生まれることはない。末っ子は、絶対に地位を失うことはないという意味で、有利な立場にある。二番目の子供は、三番目の子供に地位を奪われ、最初の子供と同じ悲劇を味わうかもしれないが、末っ子の場合はその心配がまったくない。そのため、末っ子はいちばん有利な立場であり、他の状況がすべて同じであるとするなら、末っ子がいちばん健全に発達すると考えられる。

エネルギーがあり、負けず嫌いなところは、二番目の子供に似ていると言えるだろう。彼らにもペースメーカーになってくれる人が存在する。しかし全般的には、末っ子の立場は、他の家族とはまったく異なっている。たとえば、他の家族がみな科学者だとするなら、末っ子はおそらく音楽家か商売人になるだろう。そして商売人の一家なら、末っ子はおそらく詩人になる。彼らはつねに家族の中で異質の存在だ。それは、同じ分野で争わないほうが楽だからであり、そのため末っ子はいつも自分だけ違う道に進もうとする。もちろん、それ自体は彼らに勇気がない証拠になるかもしれない。勇気のある子供なら、むしろ同じ分野で戦うことを選んでいただろう。

一人っ子、兄妹、姉弟

ここで注意してもらいたいのは、生まれた順番から性格を推測するという手法は、あくまで「傾向」を示唆しているだけであり、必ずそうなるわけではないということだ。実際のところ、もし最初の子供が優秀であれば、二番目の子供に王座を奪われず、悲劇を経験せずにすむかもしれない。そのような子供は社会に適応し、母親もその子の興味の対象を広げようとしているだろう。その対象の中には、新しく生まれた赤ちゃんも含まれる。一方で、最初の子供が王座に君臨しつづけると、二番目の子供にとってはかなり難しい状況になる。二番目の子供は問題を抱え、場合によっては最悪の状況になるかもしれない。それは、一切の勇気と希望を失ってしまうからだ。競争に参加する子供は、勝てるという希望を持たなければならない。その希望が消えると、すべて失われてしまうのだ。

一人っ子にも独自の悲劇がある。子供時代はずっと家族の中心にいるために、いつも注目されることが人生の目的になってしまうからだ。論理的に物事を考えず、いつでも自分のライフスタイルを基準に考えるようになる。

姉妹ばかりの中でたった一人の男の子という立場にも特有の問題がある。そのような男児は女の子のような仕草になると言われているが、それはやや誇張された考えだろう。そもそもほとんどの人は、女性に育てられるのだから。とはいえ、女児が多い家庭はどうしても女性中心の考えになってしまうために、たった一人の男児は独自の苦労を味わうことになる。ある家に女児が多いか、それとも男児が多いかは、家に一歩入ればすぐにわかる。家具が違い、にぎやかさの度合いが違い、規律が違うからだ。男児の多い家庭は壊れているものがたくさんあり、女児の多い家庭は、たいてい家の中がきれいに片づいている。

女児が多い家庭の男の子は、自分の男らしさをより強調しようとするかもしれない。そうでなければ、周りに合わせて本当に女の子のようになる。つまり簡単に言うと、そういう家庭の男の子は、過度に優しくおしとやかになるか、または過度に乱暴になるかのどちらかだ。後者の場合は、最終的には、つねに自分が男であることを証明しているかのようになるだろう。

男兄弟ばかりの中に女の子が一人というのも、同じようになかなか難しい状況だ。とても女の子らしくておとなしくなるか、またはいつでも男兄弟と同じことをしたがり、男の子のようになるだろう。この立場の女の子は、誰の目にも明らかな劣等感を抱えている。自分より優位な立場にある男性ばかりに囲まれているからだ。自分は「女でしかない」という感情が劣等コンプレックスを生んでいるのだ。この「〜でしかない」という言葉に、劣等コンプレックスのすべてが表現されている。その子が男の子の服を着て、大人になってからは彼女自身が考える「男性のような性的関係」を持ちたがったら、劣等コンプレックスを埋め合わせるために優越コンプレックスを持つようになったということだ。

生まれた順番についての議論の最後に、最初が男の子で、二番目が女の子というケースについても見ておこう。このケースでは、必ずきょうだい間の争いが激しくなる。妹はいつでも兄を追い抜こうとする。二番目だからというだけでなく、女でもあるからだ。人一倍努力するので、二番目の子供の特徴がより強調されることになるだろう。活動的で、自立心に富んでいる。兄のほうは、妹がどんどん差を縮めてくるのを実感している。それに、一般的に女児のほうが男児よりも心身ともに成長が早いために、たとえば一二歳の女の子なら、同じ年齢の男の子よりずっと発達している。兄のほうもそれを感じ取っているが、頭で理解することはできない。そのため劣等感を抱き、競争から降りたくなる。成長するのをやめ、代わりに逃げ道を探すようになる。ときにはその逃避が、芸術の道につながることもあるだろう。または、精神を病んだり、犯罪者になったりすることもある。とにかく彼らには、レースを続ける強さがないのである。

この種のケースは解決するのが難しく、「誰でも何でも達成できる」という考え方もあまり力になってくれない。私たち心理学者にできるのは、妹のほうが上に見えるのはただ彼女がより努力したからであり、努力することによってより効率的に発達する方法を見つけたからだと、兄のほうに納得させることだろう。また、兄と妹の両方を指導し、できるかぎり競争的でない関係を築かせるという方法もある。そうすれば、二人の間にある競争的な空気を和らげることができるだろう。

9章

社会に適応するということ

個人が社会と向き合うとき

個人心理学が目指すのは「社会」に適応することだ。「個人」と「社会」で矛盾すると思う人もいるかもしれないが、これが仮に矛盾であるとしても、言葉の上だけのことだ。現実問題として、個人の心理面の生活のすべてに注目しなければ、社会的な要素の大切さも理解できないだろう。個人が個人となるのは、社会的な文脈においてだけだ。他の心理学の分野では、個人の心理学と社会の心理学をはっきりと区別しているが、私たちの個人心理学にそのような区別は存在しない。本書はここまで個人のライフスタイルを分析してきたが、社会への適応という視点もつねに持っていた。

ここからは、その「社会への適応」という視点にさらに注目し、個人のライフスタイルの分析を続けていこう。分析で取り上げる現実は同じだが、個人のライフスタイルを診断するという仕事を離れ、そのライフスタイルが実際に社会の中でどのように機能しているか、正しい行動を促進するにはどうすればいいかといったことを考えていく。

前の章では教育環境の問題について見てきたが、社会適応の問題も教育環境と関連づけながら分析していく。学校や幼稚園という機関は社会のミニチュア版であり、社会不適応の問題について、より簡素化された形で研究することができる。

手のつけられない子供の場合

たとえば、五歳の男児の問題行動について考えてみよう。母親が医者を訪れ、子供に手を焼いていると訴えた。片時もじっとせず、問題ばかり起こしているという。母親は息子の世話で忙殺され、一日の終わりにはいつもぐったり疲れている。そして、もうこれ以上は耐えられないので、もしできるなら息子をよそに預けたいと言ってきた。

母親の話を聞くだけで、私たちはこの少年のようすが、まるでわがことのように理解できた。片時もじっとしていない五歳の男の子がやりそうなことは、容易に想像できる。おそらく、靴を履いたままテーブルに登ったりしているのだろう。汚れるような遊びも好きなはずだ。母親が何か読んでいるときは、電気をつけたり消したりするに違いない。または、両親がピアノを弾いて一緒に歌おうとすると、そういう男の子は決まって叫び声を上げる。そうでなければ耳をふさぎ、ピアノと歌なんか聴きたくないと言い張るだろう。欲しいものが手に入らないと必ずかんしゃくを起こす。そして彼は、いつも何かを欲しがっている。

そういう子が幼稚園児であれば、きっといつもケンカをしているのだろうと想像できる。何をするにしても、最終的にはケンカをすることが目的だ。昼も夜も落ち着かず、両親はいつもぐったりしている。しかし男の子は疲れない。両親と違い、やりたくないことはやらなくてもいいからだ。ただ動き回り、他人に面倒をかけたいだけだ。

こういう子供はいつも自分だけが目立ちたいと考えているのだが、それがよくわかる出来事がある。ある日彼は、両親がピアノと歌で出演するコンサートに連れていかれた。すると演奏の途中でいきなり「パパ！」と叫び、客席を歩き回ったのだ。予想できた行動かもしれないが、両親には息子がなぜこんなことをするのかまったく理解できなかった。この子の行動は普通ではなかったが、両親は普通の子だと思っていたのだ。

とはいえ、彼はある意味では普通の子だ。自分の頭で考えたライフプランをきちんと持って、そのプランに沿って行動しているからだ。プランが理解できれば、彼の行動も予測できるだろう。そこで私たちは、この男の子は知能に問題があるのではないという結論を出した。知能に問題があれば、知的なライフプランを持つことはないからだ。

母親に来客があると、彼は客をおしのけ、客に出された椅子に自分が座る。この行動もまた、彼の目的と、人格の原型を反映していると言えるだろう。彼の目的は人の上に立って他者を支配することであり、つねに両親の関心を独占することだ。

以上のことから、この男の子がかつて甘やかされて育ったこと、そしてまた甘やかしてもらえれば、いい子になることが想像できる。言い換えると、彼は「チヤホヤしてもらえる」という地位を失った子供なのだ。

それでは、彼はなぜこの地位を失ったのだろうか。おそらく答えは、下の子が生まれたということになるだろう。彼は五歳でこの新しい状況に直面した。そして王座から陥落したことを自覚し、地位を取り戻そうと戦っている。両親にいつも面倒をかけるのもそのためだ。また、他にも理由がある。彼は新しい状況への準備ができておらず、甘やかされた子供という立場のために社会性を身につけていなかった。つまり、この少年は社会適応という点で問題があったということだ。自分のことしか興味がなく、自分のことしか考えていない。

この少年の弟への接し方について母親に尋ねると、弟のことは間違いなく好きだが、一緒に遊ぶといつも叩いているという答えが返ってきた。好きな相手にそのような行動を取るのかと疑問に思ってしまうのは、無理もないことだろう。

学校は家と社会を結ぶ橋

この少年の行動が持つ意味をきちんと理解するには、ケンカはするが、いつもケンカしているわけではないという子供の行動と比較するといい。後者の子供は賢いので、いつもケンカばかりということはない。両親に止められるとわかっているからだ。そのため、自分でケンカをやめて、いい子にしていることもある。しかしいつもの態度が再び現れることになり、この男の子の場合は、弟と遊んでいるときに弟を叩いたりする。実際のところ彼にとっては、遊びの目的は弟を叩くことだ。

それでは、この男の子は母親にはどんな態度なのだろうか。もし母親がお仕置きで叩こうとしたら、彼は笑い、叩かれても痛くないと強がるか、またはもしもっと強く叩かれたりしたら、少しの間はおとなしくなるが、すぐにまたケンカを始めるだろう。ここで注目したいのは、彼の目的がすべての言動を決めているということだ。何をするにしても、必ず目的を達成するために行っている。だから目的がわかれば、行動もすべて予測できるのだ。ただし、相手の人格の原型に統一性がない場合、または相手の目的がわからない場合は、行動を予測することはできない。

この少年の人生を想像してみよう。幼稚園に入ったときや、コンサートに連れていかれたときのようすが、目に浮かぶのではないだろうか。だいたいにおいて、楽な環境であれば支配者になることができるだろうし、もっと厳しい環境であれば支配するために戦うだろう。もし幼稚園の先生が厳しかったら、この少年は早々に幼稚園を去ることになるかもしれない。そうなったら、おそらく何かもっともらしい言い訳を考え出すだろう。彼はつねに緊張にさらされ、そのせいで頭痛がしたり、落ち着きがなくなったりする。これらの症状は、神経症の最初のサインになるかもしれない。

その一方で、もし居心地のいい環境だったら、みんなの関心を独り占めにしていい気分になれるだろう。そのような状況だったら、もしかしたら幼稚園のリーダーにもなれるかもしれない。完全なチャンピオンだ。

幼稚園もまた一つの社会であり、社会的な課題がある。幼稚園に入るなら、そのような課題に備えておく必要があるだろう。共同体のルールには従わなければならないからだ。幼稚園児は、その小さな社会の中で有益な存在にならなければならない。そして共同体にとって有益な存在になるには、自分よりも他者に興味を持つことが必要だ。

学校に上がっても同じ状況がくり返される。そのため、彼のような少年がどうなるかは、だいたい想像できるだろう。私立の学校なら、少しは楽になるかもしれない。公立よりも生徒数が少なく、それだけ先生に目をかけてもらえるからだ。もしかしたらそのような環境では、問題児と気づかれることなくすごせるかもしれない。むしろ「わが校でもっとも賢い生徒だ」という評価を受ける可能性もある。もし本当に学年トップの成績であれば、家での態度も変わってくるだろう。学校で支配者になれるという状況だけで満足し、家での支配を手放すかもしれない。

学校に上がってから子供の態度が改善された場合、たいていの人は、学校で優越感を持つことができるからだと考える。しかし、実際はその反対だ。家でいい子にしている子供は、学校では問題児になっている。

前の章で述べたように、学校とは家と社会を結ぶ橋のような存在だ。そう考えれば、この少年が社会に出たときのようすも想像できるだろう。社会は学校のように甘い環境ではない。自分ばかりチヤホヤされることはないだろう。家ではお行儀のいい子で、学校の成績もよかったのに、社会に出るとまったく役に立たなくなる人を見ると、たいていの人は理解できずにひどく驚く。社会で役に立たない人とは、たとえば神経症になり、やがて精神を完全に病んでしまうような大人だ。彼らは家と学校でひいきされ、人生がうまくいっていたので、人格の原型が隠れて見えなかったのだろう。それが大人になって原型が表に出ると、意外な結果になって周りの人が驚くのである。

人生の三大課題

自分に有利な状況にいると、人格の原型が隠れていたり、誤解されたりすることがある。原型を正しく理解しているかどうか確実に判断したいなら、方法はいくつかある。たとえば、人の関心を引きたがり、なおかつ共同体感覚に欠ける子供は、たいていだらしがない。だらしなくすることで、人の時間を占領しているのだ。または、夜はなかなか眠らず、夜中に泣いたり、おねしょをしたりする。その子は、自分の不安な感情を利用している。なぜなら、不安は周りを従わせる武器になるからだ。これらのサインは、その子にとって好ましい状況でもたしかに現れる。兆候を見つけることができれば、正しい結論を出すこともできるだろう。

最初のうちは本当の人格の原型が隠れていた子供は、大人になるとどうなるのだろうか。先ほどから登場している男の子が一七歳か一八歳になり、大人の一歩を踏み出したとしよう。それまでの人生は、彼のバックグラウンドだ。ただしはっきり見えるわけではないので、正確に分析するのは容易ではない。目的やライフスタイルを見抜くのは難しい。しかし、大人になって社会に出ると、個人心理学が「人生の三大課題」と呼んでいるものに直面することになる――それは、社会参加、仕事、そして恋愛・結婚だ。これらの課題はすべて、私たちの存在の核となる人間関係から生まれている。社会参加で大切なのは、私たちの他者への態度であり、人類全体への態度であり、そして人類の未来への態度だ。人類という種を存続させることがいちばんの目的であり、一人の人間の力には限りがあるので、人類が生き残るには互いに協力しなければならない。

仕事での成功

職業に関しては、この男の子の学校での態度を見れば想像できるだろう。人の上に立ちたいという目的を持って仕事を探すなら、きっとなかなか見つからなくて苦労するに違いない。誰の下にもならない仕事や、誰とも協力しなくてすむ仕事は、そう簡単には見つからないからだ。しかし、この少年は自分のことしか考えていないので、誰かの下で働く仕事ではうまくいくわけがない。それに加えて、そういう人間はビジネスの世界で信用されないだろう。いつでも自分が第一なので、会社の利益を優先させることができないからだ。

一般的に、仕事における成功は、社会にうまく適応できるかどうかで決まってくる。隣人や顧客のニーズを理解できれば、ビジネスで大きく優位に立てるだろう。彼らの目で見て、彼らの耳で聞き、彼らのように感じる能力だ。それができる人は仕事でもうまくいくが、私たちの研究対象であるこの少年にはそれができない。なぜなら、いつでも自分の利益になることばかり探しているからだ。そのためほとんど成長することができず、仕事で失敗を重ねることになる。

一般的に、この少年のような人は、仕事への準備ができるときは永遠にやってこない。または少なくとも、仕事を始めるのが人よりも遅くなるだろう。おそらく三〇歳になっても、まだ人生でやりたいことが見つからず、いろいろな勉強に手を出したり、転職をくり返したりする。これはどこにも居場所が見つからない人の典型的な行動だ。

または一七歳か一八歳の若者で、やる気があるのだが、何をすればいいのかわからないという人もいる。そのような若者を理解し、適切な職業指導をするのは大切なことだ。何かに興味を持って、一からきちんと勉強して身につける可能性はまだ残されている。

とはいえ、この年齢になっても人生の目的が決まっていないのは、やはり厄介な問題だ。このタイプは、たいてい何かを達成するということがない。この年齢になるまでに将来の目標が決まるように、家でも学校でも指導するべきだろう。たとえば学校なら、「将来の夢」というような主題で作文を書かせるという方法がある。作文の課題になれば、子供はいやでもこの問題と向き合うことになる。そんな機会がなければ、手遅れになるまでまったく考えないかもしれない。

恋愛と結婚への適応

社会参加、仕事に続く三つ目の課題は恋愛と結婚だ。人間には男性と女性がいるので、これはとても重要な課題である。もし性の違いがなかったら、状況はまったく違っていただろう。しかし現実は性別が存在するので、異性に対する態度を訓練する必要がある。恋愛と結婚の問題については、次の章でさらに詳しく見ていくので、ここでは社会適応の問題との関連性だけに触れておこう。共同体感覚に欠けていると社会適応や仕事で問題が起こるように、恋愛でうまくいかないのも同じく共同体感覚に欠けるからだ。過度に自己中心的な人物は、「二人の関係」への準備ができていない。そもそも性衝動の本来の役割は、人間を自分という小さな殻から外に出し、社会に目を向けさせることだとも言えるだろう。しかし心理学的に見ると、性衝動だけでは十分でない。自分のことだけにこだわらず、すでに社会に目が向いている人でないと、性衝動をきっかけに社会に参加することはできないのである。

そう考えると、先ほどから登場している少年について、何らかの結論を出すことができるのではないだろうか。彼は今、人生の三大課題に直面し、途方に暮れている。「優越したい」という目的はあるが、三大課題からは逃げていたい。そうなると、彼には何が残されているのだろうか。社会に参加するつもりはなく、他者に敵対心を持っていて、疑り深く、孤独を好む。そして、他者に興味を持っていないために、人目を気にすることもなく、いつもだらしない格好をしている——これらはすべて、精神異常者の特徴だ。社会の中で生きる人には共通の言語があるが、彼はその言語を使おうとせず、まったく話をしない。そして口をきかないのは、統合失調症に見られる症状だ。

自分の周りに自ら壁を築き、人生の三大課題のすべてから逃げているために、彼に残された行き場は精神病院だけとなる。優越性という目的のために自分の殻に閉じこもり、その結果として性衝動の形が変化し、異常な精神状態になってしまうのだ。彼は天国に飛んでいこうとしたり、自分はイエス・キリストだと言ったり、中国の皇帝だと言ったりする。それが彼にとって、優越性という目的を達成するための方法なのだ。

人生のすべてが社会の適応にかかわっている

これまでに何度も指摘したように、人生の問題はすべて、その根っこに社会適応の問題がある。社会適応の問題は、幼稚園、学校、友人関係、政治、経済生活など、あらゆる分野で現れる。人間の能力はすべて社会に向けられていて、人類にとって役に立つようにできているのだ。

社会に適応できないという問題は、人格形成期にすでに始まっている。ここで大切なのは、その問題を手遅れになる前にどうやって改善するかということだ。人生における大きな失敗を防ぐだけでなく、人格の原型の段階で小さな問題に気づき、修正する方法を両親が心得ていれば、子供にとってとても大きな助けになるだろう。しかし現実は、そうなることはめったにない。自ら学習し、間違いを正そうとする親はほとんどいないからだ。たいていの親は、心理学にも教育にも興味を持っていない。ただ子供を甘やかし、自分の子供を少しでも悪く言う人を敵視するか、または子供にまったく興味を持たないかのどちらかだ。そのため、両親にはあまり期待することはできないだろう。それに、そもそも短期間で教育や心理学の重要性について理解してもらうのは不可能だ。両親に正しい知識を身につけてもらうには、多大な時間が必要になる。そのため、最初から医師や心理学者に任せたほうがずっといいだろう。

医師や心理学者の個人的な仕事に頼ることもできるが、やはり最高の結果をもたらしてくれるのは学校教育だ。人格の原型の誤りは、学校に入って初めて表に出ることが多い。

個人心理学のメソッドを知っている教師なら、すぐにその問題に気づくはずだ。子供に協調性があるか、それとも自己中心的で、自分ばかり注目されようとしているかということは、見る目のある教師が見ればすぐにわかる。またそのような教師なら、勇気のある子供と、勇気のない子供を見分けることもできるだろう。個人心理学をきちんと学んだ教師は、最初の一週間で、人格の原型に誤りがあれば気づくことができる。

教師というものは、その社会的な役割を考えれば、子供の誤りを正す能力を身につけているべきである。そもそも人類が学校という制度を作ったのは、家庭だけでは社会の要求を満たすような教育を行うことができないからだ。学校は家庭の延長であり、子供の人格は学校で大きく成長し、人生の課題と向き合う方法を教えられる。

そのために必要なのは、学校と教師が心理学の知識を身につけ、正しく職務を果たすことだけだ。将来的には、個人心理学が教育の現場でさらに広く取り入れられることになるだろう。なぜなら学校の真の目的は、人格を育てることだからだ。

10章

共同体感覚、コモンセンス、劣等コンプレックス

劣等コンプレックスと共同体感覚の関係

これまで見たように、社会に適応できないという問題は、自分は劣っているという感覚と、優越したいという気持ちから生まれている。劣等コンプレックス、優越コンプレックスという言葉自体が、すでに適応できないという問題が起こった結果を表しているのだ。この二つは親から遺伝したわけではないし、血液の中にある何らかの物質というわけでもない。他者との関わりや、社会的な環境をきっかけに生まれただけだ。とはいえ、すべての人がこれらのコンプレックスを抱くわけではない。たしかに人は誰でも何らかの劣等感を持っていて、成功と優越を目指している。これがまさに、精神の命だ。コンプレックスを持たない人は、自分の中にある劣等感や優越感を、精神のメカニズムによって社会に役に立つ形で活用しているのだ。それを可能にしているのが、共同体感覚、勇気、社会意識であり、すなわちコモンセンスの論理ということになる。

それではここで、精神のメカニズムがうまく機能している例と、機能していない例の両方を見てみよう。劣等感があっても、大きくなりすぎていないのなら、その子供はつねに価値のある存在になろうと努力し、社会にとって有益な存在であろうとするだろう。そのような子供は、自分の目的を達成するために、他者にも興味を持っている。社会性や共同体感覚を身につけるのは、正しい補償行為であり、ごく普通のことだ。そもそも、子供であっても大人であっても、優越を目指す努力がそのような発達につながらない人は存在しないだろう。人は誰でも他者に興味を持っている。他者や世界にまったく興味がないようにふるまう人はたしかにいるが、それは本心ではない。または逆に、社会に適応できないのを隠すために、他者に興味があると言い張る人もいる。つまりこれは、口には出さないが、共同体感覚が普遍的なものであると証言しているのと同じだと言えるだろう。

とはいえ、社会に適応できないという問題はたしかに存在する。問題の起源を探るにあたり、ここでは典型的ではない例で考えてみよう。劣等コンプレックスを抱いているが、好ましい環境にいたために顕在化しなかったという事例だ。その場合、コンプレックスは隠れて見えなくなる。または少なくとも、隠そうとする傾向は現れる。そのため、特に苦労がないような環境であれば、その人は完全に満足しているように見えるだろう。しかしもっと詳細に観察すれば、その人の本当の姿が見えてくる。言葉や意見の形ではっきり現れなくても、態度を見れば、劣等感を持っているという事実が浮かび上がってくるのだ。これは劣等コンプレックスであり、大きくなりすぎた劣等感から生まれている。劣等コンプレックスを持つ人は、いつでも重荷から解放されたいと思っているのだが、そもそその重荷は、自己中心的な考えによって自分で勝手に背負ったものだ。

興味深いことに、劣等コンプレックスを隠す人もいれば、「私は劣等コンプレックスを持っています」と告白する人もいる。告白する人はみな、自分の告白に酔っているのだ。人が隠したがることを自分は堂々と認めているので、自分は人より優れていると考えている。「私は正直だ。自分の苦しみの原因について嘘をつかない」と、自分に言い聞かせているのだ。しかし、劣等コンプレックスを告白したまさにその瞬間に、実は人生に何らかの問題があり、そのせいで自分はこうなってしまったのだということをほのめかす。両親や家族のせいにするかもしれないし、教育を受けられなかったせいにするかもしれないし、何らかの事故や抑圧のせいにするかもしれない。

劣等コンプレックスは、優越コンプレックスの陰に隠れていることもよくある。この場合、優越コンプレックスは補償の役割を果たしている。そういう人はたいてい傲慢で、プライドが高く、他人を見下している。実際の行動よりも、見せかけばかりを重視する。

このタイプの人物は、優越の追求を始めたばかりのころに「あがり症」を経験することが多い。その経験が後になって、失敗の言い訳に使われるのである。「もしあがり症がなければ、できないことなんてないのに！」というわけだ。この「もし」で始まる言葉は、たいてい劣等コンプレックスを隠す役割を果たしている。

劣等コンプレックスを持つ人の特徴を他にもあげるなら、ずる賢い、用心深い、知識をひけらかす、人生の大事な課題から逃げる、多くの原則や決まりで制限された狭い範囲の行動にこだわる、などがある。また、いつも杖に寄りかかっているなら、それも劣等コンプレックスを持つサインだ。そのような人は、自分を信用しておらず、奇妙なものに関心を持っている。新聞や広告を集めるといった、変なこだわりを持つようになるのだ。そうやって自分の時間を無駄にして、いつも言い訳ばかりしている。人生において無益とされる行動ばかりくり返していて、これが長く続くとやがて強迫神経症を発症するだろう。

共同体感覚の欠如と犯罪

問題のある子供は、表面に現れた問題が何であれ、必ず劣等コンプレックスを抱えている。たとえば怠惰な子供なら、怠けるのは人生の重要な課題から逃げるためであり、コンプレックスを抱えている証拠になるだろう。ものを盗むのは、他人の無防備や不在につけ込んでいるからだ。嘘をつくのは、本当のことを言う勇気がないからだ。子供がこれらの兆候を見せるのは、例外なく自分の中に劣等コンプレックスを抱えているからである。

劣等コンプレックスが進展すると、神経症になる。そして不安神経症になると、たいていのことで自分の思い通りにできる。いつも誰かに一緒にいてほしいと思うなら、その通りにできる。誰かに助けてもらい、その人の時間を独占する。そうすることで、劣等コンプレックスが優越コンプレックスに変わるのだ。「他人は私に仕えるために存在する！」というわけだ。神経症の人は、他人に奉仕させることで優越を手に入れている。精神病の人の場合も、同じような劣等コンプレックスから優越コンプレックスへの変化を見ることができる。劣等コンプレックスによってあらゆることから逃げてきた結果、人生で問題を抱えるようになると、空想の世界の中で「自分は偉大だ」と信じることで成功した気分になるのだ。

コンプレックスが発達するのは、社会性を身につけて有益な存在になることに失敗したからであり、そして人が社会性を身につけることに失敗するのは勇気がないからだ。それに勇気がないことと並んで、社会性を身につけることの大切さを理解していないことも原因になっている。その傾向がもっとも顕著に見られるのは犯罪者だろう。犯罪者の行動は、まさに劣等コンプレックスの典型だ。犯罪者は臆病で愚かだ。その臆病さと愚かさは、犯罪的という傾向を作り出す要素になっている。

飲酒癖のある人も同じように分析できるかもしれない。彼らは酒を飲むことで人生の問題から逃げている。そして臆病であるために、人生の無益な側面から生まれる慰めで満足しているのだ。

　以上のような人々は独自の思考回路を持っていて、勇気のある普通の人々のコモンセンスとはまったく異なる考え方をする。たとえば犯罪者は、言い訳ばかりするか、そうでなければ他人を責める。どんなに働いても貧乏のままだと言って労働環境を批判したり、自分を助けてくれない社会を責めたりする。または、胃袋の命令には逆らえないと言ったりもするだろう。そして裁判になると、あの誘拐殺人犯のヒックマンと同じように、「あれは天からの命令だった」というような言い訳を使う。また、少年を殺した罪で裁判にかけられたある犯罪者は、刑が確定すると、「一人ぐらい殺しても問題ないだろう。同じような少年は他にもたくさんいる」と言ったという。それ以外にも、いわゆる「哲学者」と呼ばれるタイプの犯罪者がいる。たくさんの立派な人が貧しさで苦しんでいるのだから、金持ちの老婆を殺すのは悪いことではないと主張するような犯罪者だ。

　彼らの言い分に、まともな根拠は存在しない。社会的に無益な目的から生まれた思考回路であり、そんな目的を持つようになったのは勇気がないからだ。彼らはつねに自分を正当化しなければならない。真に有益な目的であれば、いかなる言い訳もまったく必要ないのだ。

学校を退学させられた少女

それではここからは、実際の症例を見ながら、社会的な態度や目的がどのように反社会的なものに変化するのか分析していこう。最初の症例は、もうすぐ一四歳になる少女だ。彼女は正直な家庭で育った。父親は働き者で、病気になるまではきちんと家族を養っていた。母親は善良で誠実な女性で、六人の子供たちをまじめに育てていた。いちばん上の子は優秀な女の子だったが、一二歳で亡くなった。二番目も女の子で、病気がちだったが、後に病気が治ると家族の面倒をよく見るようになった。そして次に生まれたのが、今回の症例となる女の子だ。この子は生まれたときからずっと健康だった。母親は病気の二人の子供と父親にほぼつきっきりで、この女の子――ここでは仮にアンと呼ぼう――まで手が回らないことが多かった。アンには弟がいて、この弟も優秀で病弱だった。つまりアンは、ことさらにかわいがられる二人の子供の間に挟まれていたということになる。アンもいい子だったが、姉や弟ほど愛されていないと感じていた。自分だけないがしろにされることに不満を持ち、抑圧されていると感じていた。

しかし学校でのアンは違った。成績はいつも一番で、そのために先生から飛び級を勧められたほどだ。実際にわずか一三歳半で高校に入学したのだが、高校で新しく出会った先生からは嫌われてしまった。おそらく最初のうちは、アン自身も準備ができていなかったのだろうが、それでも教師から認めてもらえないために、成績はどんどん悪くなっていった。前の先生にほめてもらえていたときは、まったく問題のない生徒だった。成績もよく、友達も多かった。ただし、個人心理学者であれば、交友関係を見ただけで彼女に問題があることを見抜いていただろう。彼女はいつも友達を批判し、友達を支配したがっていた。いつもみんなの注目を集め、チヤホヤされ、絶対に批判されないことを望んでいた。

アンの目的は、ほめられること、ひいきされること、世話を焼かれることだ。彼女がその目的は達成できる場所は、家ではなく、学校だけだ。しかし新しい学校に入ると、ほめてもらえなくなってしまった。むしろ、勉強が足りない、成績が悪いと叱られるようになった。そしてアンは、ついに学校をさぼるようになった。二、三日休んでから出席すると、事態はさらに悪くなっていった。教師からは退学を勧告された。

ここで大切なのは、退学処分は何も解決しないということだ。むしろ学校と教師が、自分たちでは問題を解決できないと認めたようなものだろう。この場合、もし自分で解決できないのなら、外部の助けを求めるべきだ。両親と面談し、転校の手配をするという方法もあるだろう。または担任の教師を変えるべきだったかもしれない。アンのことをもっとよく理解できる教師は他にいるはずだ。しかし、担任の教師はそうは考えなかった。「学校をさぼり、成績が落ちているなら、その生徒は退学させるべきだ」と信じていた。この考えは、教師自身の個人的な思い込みを反映しているだけであり、コモンセンスではない。そして教師は、コモンセンスが特に求められる職業である。

次に起こったことは、だいたい想像できるだろう。アンは人生の最後の望みを失い、すべてが終わったと感じた。そして学校を退学になったために、わずかに残っていた家での立場もすっかり失ってしまった。アンは家からも学校からも逃げた。何日も行方不明になり、ある兵士と恋人同士になっているところを発見された。

アンの行動は容易に理解できる。彼女の目的はほめられることであり、新しい学校で問題が起こるまでは有益な側面に向かって訓練されていたが、ここに来て無益な側面に向かうようになってしまったのだ。恋人の兵士も、最初のうちは彼女をほめ、大切にしていた。ところがしばらくすると、彼女は家族に手紙を出し、妊娠したことと、毒を飲んで死にたいということを伝えてきた。

家族に手紙を出すという行為は、彼女の人格とも一致している。彼女はつねに、自分がほめられるような状況を求めていた。そしてほめられる場所を転々とした結果、最後に家に戻ってきたのだ。母親が自分を心配していることを知っていたので、叱られることはないと考えていた。家族はきっと、自分が帰ってきて喜ぶに違いない——そう確信していたのだ。

アンのような症例を取り扱うときは、相手の立場になって考えることがとても大切になる。相手はほめられることだけを求めて生きているような人だ。そのような人物の立場で考えようとするなら、まず「私ならどうするか?」と自問するべきだろう。性別と年齢も考慮に入れる必要がある。そしていつでも、人生の有益な側面に向かうように、勇気づけを行わなければならない。そして最終的には、本人が自分で問題に気づくことを目指す。「もしかしたら、学校を変えればいいのかもしれない。学校を変えるのは失敗というわけではない。もしかしたら、まだ勉強が足りないのかもしれない。自分の見方が間違っていたのかもしれない。もしかしたら、学校での私は自分の思い込みだけで行動して、先生の考えを理解していなかったのかもしれない」と、本人が気づくようになるのが目標だ。もし勇気を与えることができれば、相手は有益な側面に向かって努力できるようになるだろう。人間がダメになるのは、勇気のなさと劣等コンプレックスが結びつくことが原因だ。

今度は、アンと同じような立場にある少年について見ていこう。年齢はアンと同じで、犯罪者になろうとしていた。このような事例はよくある。少年は学校で勇気を失うと、学校を離れてギャングのメンバーになることが多い。この種の行動は、容易に理解できるだろう。希望と勇気を失った少年は、勉強がおろそかになり、親のサインを捏造して学校をさぼり、宿題をやらず、どこか怠けられる場所に逃げ込む。そこへ行けば、自分と似たような仲間がいるからだ。そうやって少年は、ギャングのメンバーになる。学校への興味を完全に失い、どんどん反社会的な思考回路に染まっていく。

成功できるかどうかは勇気で決まる

劣等コンプレックスは、自分には特別な能力がないという考えと結びついていることが多い。このように考えるのは、人間には才能のある人とない人がいると信じているからであり、そう信じていること自体が劣等コンプレックスを持っている証拠でもある。前にも述べたように、個人心理学は「誰でも何でも達成できる」という立場を取っている。もしこの考えに同意できず、自分は有益な側面にある目標を達成できないと感じているなら、それは劣等コンプレックスを持っているサインである。

また、生まれながらの性格があると信じるのも、劣等コンプレックスの一部だ。もし本当に生まれながらの性格があるのなら、または成功できるかどうかは生まれつきの能力で決まっているのなら、心理学者にできる仕事は何もない。しかし実際は、成功できるかどうかは勇気で決まるのであり、心理学者の仕事は絶望を希望に変えることだ。希望があれば、有益な側面に向かうエネルギーがわいてくる。

一六歳の子供が学校を退学になり、絶望して自殺するというケースがときどきある。この場合、自殺は一種の復讐であり、社会に対する告発だ。この子供は、自殺をすることで自己主張している。ただ、コモンセンスではなく、自分だけの勝手な思考回路で、自己主張の方法を選んだというだけだ。ここで必要なのは、子供を説得し、有益な道を進む勇気を与えることだ。

家族に愛されなかった子供たちの問題

同じような例は他にもたくさんある。たとえば、一一歳の少女のケースを見てみよう。彼女は家で疎外感を味わっていた。他のきょうだいはみんなかわいがられているのに、自分だけは違う。自分はいらない子供なのだと感じていた。そしていつも不機嫌で、攻撃的で、反抗的な性格になった。これもまた、簡単に分析できるケースだ。その少女は、自分は大切にされていないと感じていた。最初のうちは親に認められようと努力したが、やがて希望を失ってしまった。そしてある日、彼女の盗みが始まった。個人心理学の考えでは、子供の盗みは、犯罪というよりも、むしろ自分を豊かにするための行為である。そして、自分を豊かにしたいと思うのは、自分は何かを奪われていると感じているからだ。つまりこの少女が盗みを働いたのは、家での愛情不足と、自分の中にある絶望が原因だった。子供が盗みを働くのは、ほぼ例外なく、何かを奪われているという感情があるからだ。その感情が現実を反映していない場合もあるが、子供自身は奪われていると信じていて、それが行動を引き起こす心理的な要因になっている。

または、八歳の少年のケースもある。この少年は庶子だった。醜い子供で、里親に育てられていた。里親は少年を放置し、きちんとしつけをしなかった。ときどき母親からキャンディをもらえることがあり、これが少年にとって人生の喜びだった。そのためキャンディがなくてもらえないときは、ひどく落ち込んだ。母親はかなり年上の男性と結婚し、その夫との間に女の子が一人生まれた。女の子の存在は、年老いた夫にとって人生で唯一の喜びだった。彼は女の子を甘やかしてばかりいた。この夫婦が養子の少年をずっと家においていたのは、よそに預けるお金を払いたくなかったからだ。父親は家に帰ると、娘にはおみやげにキャンディをあげるが、息子には何もあげない。その結果、少年はキャンディを盗むようになった。彼が盗んだのは、自分は何かが奪われていると感じていたからだ。奪われたものを埋め合わせるために盗みを働いた。父親にばれて叩かれたが、それでも盗みを続けた。父親に叩かれても盗みを続けたのだから、この少年には勇気があると考える人もいるかもしれないが、その考えは間違っている。正々堂々と盗んでいたのではなく、いつもばれずにすむことを願っていたからだ。

家庭で愛されなかった子供は、仲間意識というものをまったく経験せずに育つ。私たちは、まずこの少年を説得する必要があった。「仲間」として生きるチャンスを与えなければならなかった。少年が他人の気持ちを理解し、他人の立場で考えられるようになれば、息子の盗みを発見したときの父親の気持ちや、自分のキャンディがなくなったときの妹の気持ちがわかるだろう。ここでもまた、共同体感覚の欠如、理解の欠如、そして勇気の欠如は、劣等コンプレックスにつながるということが示された。この少年の場合は、親に愛されなかった子供の劣等コンプレックスである。

11章

恋愛と結婚

恋愛と結婚は共感覚を必要とする

恋愛と結婚に向けての正しい準備は、第一に健全な社会の一員になることであり、社会に適応することだ。この一般的な準備の他にも、幼少期から成熟した大人になるまで、性本能についての訓練を受けておく必要がある。つまり、健全な性的欲求を身につけ、結婚と家庭という枠組みの中で満足できるようになるということだ。恋愛と結婚にまつわる問題や能力は、すべて幼少期に形成された人格の原型の中に、すでに見ることができる。人格の原型の中にある性質や傾向を観察することで、大人になってからの問題を予見することができるのだ。

恋愛と結婚でよく見られる問題は、一般的な社会適応の問題とだいたい同じである。どちらの課題にも、同じような困難があり、果たすべきタスクも同じだ。ここで気をつけなければならないのは、恋愛と結婚は地上の楽園ではないということだ。恋愛と結婚をあまりに理想化し、どんな欲求も叶えられると考えるのは間違いである。そこには一貫して果たすべきタスクがあり、いつでも他者を念頭に置いてそれらのタスクに取り組まなければならない。

恋愛と結婚という状況は、一般的な社会適応よりも、さらに多くの共感力が必要になる。相手の立場になって考えるという、特別な能力が必要なのだ。現代人のほとんどが結婚に向けて正しい準備ができていないというのなら、それは他者の目で見て、他者の耳で聞き、他者の心で感じるという訓練を受けてこなかったからだろう。

本書はこれまでに、自分にしか興味を持たずに成長した子供をたびたび取り上げてきた。大人になって性的に成熟しても、そのような性格は簡単には変わらない。社会参加の準備ができていなかったのと同じように、恋愛と結婚の準備もできていない状態だ。

支配者ではなくパートナーの立場で考える

共同体感覚の発達には時間がかかる。本物の社会性を身につけることができるのは、幼少期から共同体感覚を持つように訓練され、つねに人生の有益な側面に向けて努力してきた人だけだ。そのため、ある人物が異性と交際する準備ができているかどうかを見分けるのは、それほど難しい仕事ではない。

見分ける方法は、人生の有益な側面にいる人の特徴を思い出すだけだ。そういう人は、勇気があり、自分に自信がある。人生の課題に正面から立ち向かい、解決策を見つけようとする。仲間がいて、友人がいて、隣人ともうまくやっている。そういった特徴を持たない人は、信頼に値せず、恋愛と結婚への準備もできていない。ところが世間一般では、安定した仕事に就いているだけで、結婚への準備ができているとみなされることもある。個人心理学ではごく小さなサインを判断基準にしているが、たとえ小さくても、その人物が共同体感覚を持っているかどうかを判断するうえで重要な役割を果たしている。

共同体感覚というものの本質を理解すれば、恋愛と結婚にまつわる問題を満足できる形で解決するには、両者の完全な平等が必要だということがわかる。この「ギブ・アンド・テイク」という原則はとても重要だ。相手を尊重しているかどうかということはそれほど重要ではない。愛だけでは何の問題も解決しない。なぜなら、愛にもいろいろな形があるからだ。対等な関係を築くための適切な基盤があって初めて、愛が正しい道を進み、結婚生活で成功することができるのである。

夫か妻のどちらかが支配者になろうとすると、致命的な結果を招くことになるだろう。支配者になるつもりで結婚するなら、それは正しい準備ではない。おそらく結婚後の生活で、準備が間違っていたことが証明されるはずだ。支配者が必要とされない状況で、支配者になることはできない。結婚という状況で求められるのは、パートナーに関心を持つことであり、パートナーの立場で考える能力だ。

劣等コンプレックスが結婚を遠ざける

ここからは、結婚に必要な特別な準備について見ていこう。すでに見たように、社会性と性本能を適切に結びつけることも必要な準備の一つだ。実際のところ、どんな人であっても、子供のころからすでに「理想の異性像」を自分の中で思い描いている。男の子であれば、母親が理想像になるのはよくあることであり、大人になってからも結婚相手は母親に似た人を探すことになる。または、母親と息子の間に不幸な緊張関係がある場合は、母親とは正反対のタイプを求めるようになるだろう。息子と母親との関係は、息子がどんな女性と結婚するかということにとても大きな影響を与える。相手の女性の目、体型、髪の色など、そういう細かなところにまで母親の影を見ることができるのだ。

もう一つ確実なのは、母親が支配的で、息子を抑圧した場合は、息子が恋愛と結婚に対して消極的になるということだ。このような男性の理想のタイプは、おそらく自分に服従する弱い女性だろう。または攻撃的な性格であれば、結婚してからも妻と争い、妻を支配しようとする。

幼少期に見られた性質や傾向は、大人になって恋愛という課題に直面すると、さらに強調されるようになる。劣等コンプレックスを抱える人は、性の問題と向き合うときに、どのようにふるまうのだろうか。おそらく、自分は弱く、劣っていると感じているために、いつも誰かに支えてもらいたいと考えるだろう。そのようなタイプは、母親のような女性を求める。または、劣等感を埋め合わせるために、むしろ傲慢で攻撃的になるかもしれない。その人に勇気がなければ、ここでも選択の幅は狭まることになるだろう。あえて自分と同じように攻撃的な女性を選び、厳しい戦いに勝って支配者になることに喜びを見いだすかもしれない。

男性であっても女性であっても、このような態度では恋愛と結婚で成功できない。恋愛関係を利用して、劣等コンプレックスや優越コンプレックスを満足させようとするのは実に愚かな行為なのだが、実際のところそういう人はたくさんいる。彼らをよく観察すると、本当に求めているのは恋愛の相手ではなく犠牲者だということがわかるだろう。恋愛関係は、自分のコンプレックスを埋め合わせるために存在するのではないのだが、彼らにはそれが理解できない。もしどちらかが支配者になろうとすれば、相手もまた支配者になろうとするだろう。その結果、二人で共に生きる人生が手に入らなくなる。

コンプレックスを満たすという動機を理解すれば、一見すると奇妙なパートナー選択も納得できることがある。ある人にとっては、体の弱い人、病気の人、年を取った人を選んだほうが、自分にとって都合がいいのだ。または、あえて結婚している人を相手に選ぶ人もいる。これはつまり、結婚という課題を解決したくないという気持ちの表れだ。同時に二人の人が好きになるのは、すでに見たように、「二人と付き合うのは、一人と付き合うよりも貧しい関係」だからである。

劣等コンプレックスを抱える人は、よく仕事を変え、問題から目をそらし、何事も最後までやり遂げるということがない。恋愛という課題に直面したときも同じように行動する。既婚者を好きになったり、二人の人を同時に好きになったりするのも、いつものパターンをくり返しているにすぎないのだ。または、いつまでも婚約期間を引き延ばす、永遠に求愛しているという行為も、結婚から逃げている証拠である。

甘やかされた子供は相手に期待しすぎる

甘やかされた子供の性格は、結婚生活でも変わらない。配偶者が甘やかしてくれることを期待している。恋愛の初期段階や、新婚時代なら、そうした甘えた態度も許容されるだろうが、後になって問題を引き起こすことになる。たとえば、甘やかされた人同士が結婚したら、いったいどうなるだろうか。どちらも甘やかされることを望み、どちらも甘やかす側にはなりたくない。まるでお互いに向き合って立ち、相手が絶対に与えてくれないものを期待しているような状態だ。きっとどちらも、自分は理解されていないと感じているだろう。

自分は理解されていない、自分の行動が制限されていると感じている人は、たいてい劣等感を覚え、その状況から逃げ出したくなる。特に結婚生活においては、そのような感情は問題を引き起こす。そこに極度の絶望感も加わったら、事態は致命的になるだろう。そうなると、相手に復讐したいという気持ちがふつふつとわき上がってくる。相手の人生を台無しにしてやりたいと思うようになる。その目的を達成するもっとも一般的な方法は、相手を裏切ることだ。あらゆる浮気はパートナーへの復讐である。たしかに浮気をした人は、本当に浮気相手を愛しているからだと言い張るが、その愛は本物ではない。人間の感情は、どんな場合であっても、優越したいという目的につながっている。感情と目的が相反することは絶対にない。

自分への愛情だけを望んだ女性

ここからは具体的な症例について見ていこう。まずは、ある甘やかされた女性のケースを分析する。彼女が結婚した男性は、いつも兄弟に抑えつけられていると感じていた。そして彼女のほうは、甘やかされて育った一人娘だ。だからこそ彼は、彼女の穏やかさや優しさに惹かれたのだろう。そして彼女は、いつも自分だけがかわいがられることを期待していた。二人の結婚は、最初のうちはきわめて順調だった。しかし子供が生まれると、問題が発生する。いつも自分だけが注目されていたい妻は、子供にその座を奪われることを恐れた。だから子供が生まれたことをそれほど喜ばなかった。そして夫のほうも、いつも自分を気にかけてほしかったので、子供が自分に取って代わるのを恐れていた。その結果、夫も妻も、相手に不信感を抱くようになった。どちらも子育てを放棄したというわけではなく、実際はとてもよい親だったかもしれないが、それでも相手の愛情が小さくなっていくのではないかと疑っていた。そのような不信感は危険な兆候だ。相手の言葉、行動、表情などをすべて分析するようになると、愛情が小さくなっている証拠はすぐに見つかるか、または見つかったような気がするからだ。夫も妻も証拠を見つける。この夫婦の場合は、妻の出産直後に夫が休暇でパリに行ったことが問題になった。夫がパリを楽しむ間、妻は産後で体がつらいなか、一人で乳児の世話をしていた。夫は妻に手紙を出し、旅先での出来事や、出会った人たちのことを楽しげに報告した。妻は自分が忘れられていくように感じた。そしてだんだんと幸せな気持ちが薄れ、気分がひどく落ち込んだ。そして間もなくして広場恐怖症を発症し、一人で外に出かけられなくなった。旅行から戻った夫は、妻が出かけるときはいつも付き添わなければならなくなった。少なくとも表面上は、妻は自分の目的を達成したように見えるだろう。自分がいちばん注目される存在になることができたからだ。とはいえ、これでは正しい満足感は得られない。広場恐怖症がなくなったら、夫に付き添ってもらえなくなるからだ。そのためにも、妻はずっと病気でいる必要がある。

病気の治療中に、妻はとても面倒見のいい医師にめぐりあった。その医師に診てもらっている間は症状がかなりよくなった。そして彼女は、自分の中にあるありったけの友情を、すべてその医師に注ぎ込んだ。しかし彼女の症状が改善すると、医師は治療をやめてしまった。彼女は医師に丁寧な手紙を書き、治療のお礼を伝えたが、返事はなかった。それ以来、妻の病状は悪化していった。

そのころ妻は、夫に復讐するために浮気をすることを夢想するようになった。とはいえ、広場恐怖症のために一人で出かけられず、どこへ行くにも夫が付き添っているので、浮気を実現することはできなかった。

結婚は実にさまざまな問題を引き起こす。そのため、「本当にここまで苦労する必要があるのだろうか」という疑問がわいてくるだろう。私たち個人心理学者なら、結婚の問題も、すべて幼少期に始まることを理解している。それに加えて、間違ったライフスタイルは、人格の原型を発見することによって治療できるということも知っている。そのため、個人心理学のメソッドを用いて結婚カウンセリングを行えば、結婚にまつわる問題を解決できるのではないだろうかという考えが浮かんでくるだろう。ここでカウンセラーを務めるのは、個人心理学を学び、人生で起こることはすべてつながっていると理解していて、さらに相談者の立場で考えられる共感力を備えた人物が望ましい。

このカウンセラーは、「お二人が同意するのは不可能です。ずっとケンカが絶えないでしょうから離婚するべきです」というアドバイスはしない。離婚が何の解決になるというのだろうか？　離婚したら、その先はどうなるのか？　一般的に、離婚した人は再婚することを望み、以前と同じライフスタイルを続けたいと思っている。中には、何度も離婚と再婚をくり返す人もいる。彼らはただ、同じ間違いをくり返しているのだ。そのような人でも、個人心理学の結婚カウンセリングがあれば、現在の恋愛や、これからしようとしている結婚に成功の可能性があるかどうか尋ねることができるかもしれない。または、離婚の前に相談できるかもしれない。

結婚と男女の平等

幼少期に始まり、結婚するまではそれほど重要には見えない問題はたくさんある。たとえば、失望することをいつも恐れている人がいるとしよう。彼らは子供のころからずっと悲観的で、自分は絶対につらい目にあうと信じている。愛されなかった、または自分以外の人がひいきされたと感じているか、あるいは幼少期に傷ついた経験によって、同じような悲劇がまた起こるに違いないと思い込んでいる。彼らが結婚すると、失望を恐れる気持ちから、今度は嫉妬心や猜疑心が生まれることになるだろう。

女性に特有の問題は、女性は男性のおもちゃでしかなく、男性は必ず浮気するという感情があることだ。女性がそう信じている場合、幸せな結婚生活は望めないだろう。相手が浮気をするに違いないとどちらかが信じていたら、幸せな結婚生活を送るのは不可能だ。

恋愛と結婚についての相談が後を絶たないことを考えると、おそらくこれは人生でもっとも重要な課題だと思うだろう。しかし、個人心理学の考えは違う。たしかに重要な課題ではあるが、いちばん重要というわけではない。個人心理学にとっては、どの課題も等しく重要だ。恋愛と結婚の課題だけに注目し、ことさらに重視していたら、人生の調和を失ってしまうだろう。

おそらく、恋愛と結婚がここまで特別な関心を集めているのは、社会参加と職業という他の二つの課題と違い、人生で正式な指導を受けることがない課題だからだろう。人生の三大課題について今まで見てきたことを、ここでまた思い出してみよう。社会性を身につけるという課題で大切なのは、他者との関わり方であり、私たちは生まれたその日から他者と関わりながら生きる方法を学んでいく。社会性の訓練は、人生のごく早い段階ですでに始まっているのだ。そして職業に関しても、通常の訓練が存在する。それぞれの分野の専門家に教えてもらったり、本を読んだりすればいい。しかし、恋愛と結婚についてはいったいどんな本を読んだらいいのだろうか。たしかに恋愛と結婚について書かれた本はたくさんある。それに文学はたいていラブストーリーだ。しかし、幸せな結婚について教えてくれる本はほとんど存在しない。それは私たちの文化が、愛に苦しむ男女の物語ばかりに関心を持っているからだ。そんな状況では、結婚に対して慎重になりすぎるのも当然だろう。

人類は太古の昔からずっとそうだった。たとえば聖書には、諸悪の根源は女の誘惑であり、男と女はそれ以来、つねに恋愛関係で大きな危険を経験することになると書かれている。それに教育の場でも、恋愛に関しては厳しすぎる指導が行われてきた。恋愛は罪であるかのように教えるよりも、結婚において女性は女性らしく、男性は男性らしくすることの大切さを教えるほうがよっぽど賢いやり方だろう——ただし、男女の平等を保ったうえで、このように指導する必要がある。

女性が男性より劣っていると感じているという事実は、私たちの文化がこの点では失敗したという証拠である。そんなことはないと思うなら、実際の女性を観察してみるといい。女性はつねに他人に勝ちたいと思っていて、必要以上にがんばりすぎることが多い。それに、女性は男性よりも自己中心的だ。将来的には、女性も共同体感覚を身につける指導を受け、他者をないがしろにして自分の利益だけを追求する態度を改めなければならない。しかし、そのためには、まず「男性優位」という迷信を排除することが必要だ。

恋愛と結婚は社会的タスクである

ここからは、結婚への準備ができていない人の例を見ていこう。ある若い男性が舞踏会に出席し、婚約者である若く美しい女性と踊っていた。彼は踊っている途中で眼鏡を落とすと、パートナーを突き飛ばして眼鏡を拾ったのだ。彼女はほとんど転びそうになっていた。周りでそのようすを見ていた人は、みな言葉を失った。友人から「なぜあんなことをしたんだ」と言われると、彼は「眼鏡を踏まれたら困るからだ」と答えた。この男性に結婚の準備ができていないことは、誰が見てもわかるだろう。そして当然ながら、婚約者の女性は彼と結婚しなかった。

それから何年かたち、彼は精神科医を訪ねてうつ病だと訴えた。うつ病は、自分のことばかり考えている人がかかりやすい病気だ。

結婚の準備ができているかどうかを示すサインはたくさんある。たとえば、正当な理由もなく約束の時間に遅れてくる人は信用してはいけない。そのような態度は、まだ迷いがある証拠であり、人生の課題への準備ができていないことを示している。

相手を自分の思い通りにしたがる、相手を批判してばかりいるといった態度も、結婚の準備ができていない証拠になるだろう。また繊細で傷つきやすい性格も、劣等コンプレックスを抱えているサインになるので注意が必要だ。友達がいない人、社会になじんでいない人も、結婚への準備ができていないと考えられる。職に就くのが遅くなるのも注意信号だ。また、悲観的な性格も結婚に向いていない。悲観主義は、状況と向き合う勇気がないことの証拠だからだ。

結婚に向かない人の特徴ばかりあげてしまったが、正しい結婚相手を選ぶのはそれほど難しいことではない。正しい相手というよりも、正しい方向に進んでいる相手と言ったほうがいいだろう。完璧に理想通りの相手を見つけるのはほぼ不可能だ。完璧な相手が見つからないから結婚できないという人は、むしろそれを言い訳にして結婚から逃げていると考えられる。そもそも結婚したいとは思っていないのだ。

ドイツには昔から、カップルに結婚の準備ができているかどうか判定する方法がある。地方の村に伝わる伝統だ。両端に持ち手があるノコギリを用意し、一方を男性が持ち、もう一方を女性が持つ。そして親戚一同が見守るなか、二人で力を合わせて木を切り倒すのだ。ノコギリで木を切るのは、二人の共同作業だ。どちらも相手の行動に気を配り、呼吸を合わせなければならない。そのため、結婚の相性を判断するのに適していると考えられている。

この章の最後に、大切なことをもう一度確認しておこう。それは、恋愛と結婚に適しているのは、社会性を身につけた人だけだということだ。結婚生活における失敗の大半は共同体感覚の欠如が原因であり、問題を解決するには、当事者が変わるしかない。結婚は二人の共同作業だ。たしかに私たちは、自分一人でやるタスクか、またはグループでやるタスクのやり方を教わるだけで、二人の共同作業については何も教わっていない。しかし、たとえ教わらなくても、それぞれが自分の人格の問題を認め、平等の精神で物事に取り組めば、結婚生活を正しく機能させることはできるだろう。

そして、おそらく言うまでもないことかもしれないが、結婚の最高の形は一夫一婦制である。インチキ科学を根拠に、一夫多妻こそが人間本来の姿だと主張する人はたくさんいるが、その主張は認められない。なぜなら、私たちの文化では、恋愛と結婚は社会的なタスクだからだ。人は自分のためだけに結婚するのではない。間接的ではあるが、結婚は社会のためでもある。つまり人類は、種の保存のために結婚するのだ。

12章

性とセックスの問題

セクシュアリティは「生まれつき」ではない

前の章では、恋愛と結婚に関する一般的な問題について見てきた。この章では、より具体的な問題について考えていこう――それは性の問題であり、異常な性的嗜好（現実でも、空想でも）の問題である。すでに見たように、恋愛という課題については、たいていの人が他の課題に比べて準備も訓練も足りていない状態だ。そして性の問題になると、この傾向がさらに顕著になる。性にまつわる迷信は驚くほどたくさんあり、それらはすべて排除しなければならない。

もっとも一般的な迷信は、セクシュアリティの一部は生まれつき決まっていて、変えることはできないというものだ。この「生まれつき」という考え方は、自分が変われないことの言い訳によく利用され、それが成長を妨げる要因になっている。そのため、この考え方を一度きちんと検証しておく必要があるだろう。科学的な根拠があるとされているが、はたして本当にそうだろうか？　一般の人たちは、科学的な根拠を信じて疑っていない。しかしそもそも、科学的だと主張する専門家もただ結果を示しているだけであり、どの程度の抑制が可能であるかということや、結果に影響を与えている性衝動への人工的な刺激については何も述べていない。

「セックス過剰」の傾向を避ける

セクシュアリティは幼少期からすでに存在している。子供をよく観察している看護師や親であれば、生後わずか数日でも、何らかの性的な動きがあることに気づくだろう。とはいえ、この時期にセクシュアリティが現れるのは、環境の影響に拠るところが思っている以上に大きいのだ。そのため、子供が何か性的な動きを見せたら、親は他のことに気をそらしてやる必要がある。しかし、たいていは間違った方法で気をそらせたり、または正しい方法が見つからなかったりする。

幼少期のうちに正しい機能を見つけられないと、性的な動きへの欲求が普通よりも大きくなるかもしれない。すでに見たように、体のどこかに障害があると、その部位への興味が一段と大きくなり、性器も例外ではないからだ。しかし早い段階から始めれば、子供を正しく訓練することは可能である。

子供が何らかの性的な動きをするのはごく自然なことだ。だから実際に目撃しても、恐れる必要はない。男性であれ、女性であれ、最終的な性の目的は異性と結びつくことだ。

そのためここでは、注意深く見守るという方針をとることにする。子供を見守り、性的な衝動が間違った方向に進まないように注意することが大切だ。

幼少期に自分の訓練によって身につけた性質であっても、生まれつきだと考えられることがよくある。ときには、この訓練という行為自体が、生まれつきの性質だとみなされることもある。そのため、異性よりも同性に大きな興味を示す子供がいると、それは生まれつきの障害だということになる。しかし実際は、生まれつきではなく、子供本人が日々の訓練で身につけた障害なのだ。または、子供でも大人でも、性的に異常な性質を見せる人がいる。これもまた生まれつきだとされているが、もしそれが本当に生まれつきなら、なぜ本人は自分を訓練するのだろうか？　異常な行動を夢想し、リハーサルを行うのだろうか？

中には、この種の訓練を途中でやめる人もいる。なぜそうなるかは、個人心理学の理論で説明できるだろう。たとえば、負けることを極端に恐れているからかもしれない。そういう人は劣等コンプレックスを抱えている。または、劣等コンプレックスがすでに優越コンプレックスに発達したのかもしれない。その結果、今回のケースでは、セクシュアリティを異常に強調するようになるだろう。そのような人は、普通よりも大きな性的な力を持っている。

この種の訓練は、環境から刺激を受けた結果かもしれない。写真、本、映画、またはある種の交友関係によって、性衝動が過度に発達することはよくある。特に今の時代は、あらゆることが性への興味をかき立てていると言えるかもしれない。もちろん性衝動は人類が存続するために必要であり、恋愛と結婚で大きな役割を果たしている。その価値を十分に認めながらも、今の時代が「セックス過剰」の状態であることも認識しなければならないだろう。

現代の親たちは、子供に性について教えるとき、何よりもまずこの「セックス過剰」の傾向を避けるようにしなければならない。たとえば母親が、子供が初めて見せる性的な動きを過度に警戒すると、子供のほうも性的なものを過剰に評価することになる。おそらく母親は、子供の性的な面に恐怖を覚え、そのことで頭がいっぱいになっているのだろう。そして、子供が少しでも性的な動きをすると叱りつける。すでに見たように、子供の多くは注目されることを好む。そのため、むしろ母親の注意を引くために、わざと性的な行動を取るようになるのだ。子供に対しては、性の問題で過剰反応しないほうがいい。むしろ人生の課題の一つとして、普通に扱うべきだろう。親が子供の前で性に対して過剰反応するのをやめれば、状況はずっと楽になる。

または、育った環境の影響で、子供がある種の性的な傾向を持つということもある。たとえば、母親がただ愛情深いだけでなく、キスや抱擁などで愛情表現をしたような場合だ。多くの母親はがまんできずにやってしまうと言うだろうが、やはり過度なスキンシップは慎むべきだろう。そもそのような行為は、母親の愛情表現とは呼べないからだ。自分の子供を敵のように扱っているのと同じである。甘やかされた子供は、性的に正しく発達することができないのだ。

性的異常の中心には劣等コンプレックスがある

またこの話題に関連して、一つ指摘しておきたいことがある。多くの医師や心理学者は、セクシュアリティの発達が基礎となって、すべての精神と肉体の機能が発達すると信じている。しかし、筆者の意見では、その考えは間違っている。というのも、セクシュアリティはその人の性格を土台にして発達し、形作られているからだ。性格とはつまり、ライフスタイルと人格の原型のことである。

そのため、たとえばある種の方法でセクシュアリティを見せる子供、またはセクシュアリティを抑圧する子供がいれば、それぞれがどんな大人になるかだいたい予想することができる。いつも注目されていたい、他者を支配したいと思っている子供は、セクシュアリティの面でも、注目され、支配することを目指すだろう。

同時に複数の相手と性的な関係を持つ人の多くは、自分は優れていて、他者を支配していると信じている。彼らは意図的に自分の性衝動を過度に強調しているのであり、それには「他者を支配したい」という心理的な理由がある。もちろん、この支配はただの幻想だが、劣等コンプレックスを埋め合わせる役割は果たしている。

性的異常の核には劣等コンプレックスがある。劣等コンプレックスを抱える人は、いつもいちばん簡単に逃げ出せる方法を探している。そしてときには、人生の他の課題をすべて投げ出し、性生活に没頭することが、もっとも簡単な逃げ道になるのだ。

子供はこの傾向を見せることがよくある。子供は一般的に、他者の関心を独り占めしたいと思っている。両親や教師の関心を引くために問題を起こし、結果的に人生の無益な側面に向かっていってしまうのだ。大人になってからも、そうやって他者の関心を引き、他者を支配しようとする。そのような子供は、自分の性衝動と、他者を支配したい、上に立ちたいという気持ちの区別がつかないまま成長する。または、人生の可能性と課題から逃げるために、異性をすべて拒絶し、同性愛の傾向を持つようになったりする。ここで重要なのは、性的嗜好に異常が見られる人は、たいていセクシュアリティを過度に強調しているということだ。実際のところ彼らは、普通の性生活を送るという課題から逃げるために、あえて自分の異常な性癖を強調しているのである。

以上のような診断を下すには、まずその人のライフスタイルを理解しておく必要がある。たとえば、自分が注目されるのは好きだが、異性の関心を引くことに自信がない人がいるとしよう。その人は「異性との関係」という面で劣等コンプレックスを抱えていて、その起源はおそらく幼少期にさかのぼることができる。その人が男性なら、子供のころに自分の姉妹や母親を観察し、自分より魅力があると感じたために、自分は女性に興味を持ってもらえないと信じるようになったのかもしれない。異性に対する賞賛の気持ちが強すぎるために、やがて異性のふるまいを真似るようになる。その結果、女性のようにふるまう男性や、男性のようにふるまう女性が生まれるのである。

ここで、サディズムの嗜好を持ち、子供を虐待する男性の例を見ていこう。彼の性癖もまた、これまで見てきたような背景から形作られてきた。彼の発達の過程について調べてみると、支配的な母親に育てられ、つねに母親から批判されていたことがわかった。学校では優秀な生徒だったが、それでも母親は満足しなかった。そのため、彼は自分の「家族愛」から母親を排除しようとした。母親に興味を持たず、父親にすべての関心を向けていた。

そのように育った子供なら、女性は厳しく、過度に批判的な存在であり、よっぽどのことがないかぎり女性とは関わりたくないと考えるようになるだろう。この男性も、そうやって異性を排除するようになった。それに加えて、恐怖を覚えると性的に興奮するという傾向も持つようになった。これは比較的よく見られる傾向だ。彼はそんな自分に不安を覚え、恐怖を感じなくてすむ状況を求めるようになった。そして大人になると、自分を罰したり、苦しめたりすることに喜びを覚えるようになった。また、子供が虐待されるのを見るのも、彼にとっては快感だった。そうやって現実や空想の世界で虐待を行い、性的な満足を得ていたのである。

親との葛藤から異常な嗜好が生まれる

この男性のケースを見れば、間違った訓練がどんな結果を引き起こすかがわかるだろう。本人は、自分の性的嗜好が生まれた背景を自覚していなかった。仮に自覚したとしても、もうすでに遅すぎた。当然ながら、二五歳か三〇歳になってから適切な訓練を行うのはとても難しい。訓練を行う正しい時期は幼少期だ。

しかし、幼少期というものは、両親との心理的な関係によって物事が複雑になっている。性的に異常な嗜好が、親との心理的な葛藤から生まれるというのは、とても興味深い現象だ。反抗的な子供は、特に思春期になると、親を傷つけるためにわざと性的な行動を取る。少年でも少女でも、親とケンカした直後に性行為をするのはよくあることだ。特に親が性に対して過剰に反応するタイプなら、親への復讐でこの方法を選ぶことが多い。反抗的な子供は、ほぼ例外なくこの点を攻撃してくる。

この戦略を止める唯一の方法は、子供に責任を持たせることだ。セックスを利用して親に復讐すると、傷つくのは親だけではなく、自分も傷つくのだということを自覚させる必要がある。

幼少期の環境によって形成されたライフスタイルの他にも、国の政治や経済状況もセクシュアリティに影響を与える。政治と経済は社会のスタイルに影響を与え、社会のスタイルは人々に大きな影響力を持つからだ。日露戦争に負け、ロシア第一革命が失敗に終わると、ロシアの人々は希望と自信を失い、そこに性の解放を主張する「サーニズム」(訳注)と呼ばれる大きな動きが起こった。大人と若者は、こぞってこの運動に夢中になった。一般的に、革命や戦争の時期は明日をも知れぬ命になるために、性の解放が広がることが多い。

訳注　ロシアの作家アルツィバーシェフが、その小説『サーニン』に託して主唱した思想。個人の主張、恋愛の自由、性愛の解放を大胆にうたいあげたまたおもしろいことに、警察は、セクシュアリティは心理的な解放のために利用できるということを知っている。少なくともヨーロッパでは、何らかの犯罪が起こると、警察はまず売春宿を捜査する。殺人犯などの犯罪者は、たいていそこに隠れているからだ。彼らは犯罪の後でストレスが高まった精神を解放するために、売春宿にやって来る。セックスをすることで自分の力を再確認し、自分はまだ大丈夫だということを証明しようとしているのだ。

抑圧されない、調和のとれたセクシュアリティ

あるフランス人が言うには、人間とは空腹でないときに食べ、のどが渇いていないときに飲み、そしていつでも性行為をしている唯一の動物である。たしかに、性衝動を過度に満足させるのは、他の欲求を過度に満足させるのと同じだと言えるだろう。何らかの欲求を過度に満足させ、何らかの興味を過度に発達させると、人生の調和が崩れることになる。精神科の症例を見れば、何らかの欲求や興味を過度に発達させたために、その欲求や興味を抑えられなくなってしまった人が山のように出てくるだろう。たとえば、お金への執着心から度を越した守銭奴になるのは、よく知られた例だ。または、清潔さに異常にこ

だわるという例もある。体を洗うことを最優先にし、ときには朝から晩まで洗っていることもある。他には、食べることに異常に執着する人もいる。彼らは一日中食べ続け、食べられるものにしか興味を示さず、話題も食べることだけだ。

性の過剰も同じであり、いずれはすべての行動の調和が崩れることになる。その結果、ライフスタイルの全体が、人生の無益な側面に引き寄せられてしまうのだ。

性本能を正しく訓練するなら、性的な衝動も、他のすべての行動と同じように、人生の有益な側面に誘導しなければならない。正しい目的を選べば、セクシュアリティも他の行動も、過剰に表現されることはない。

あらゆる欲求や興味をすべてコントロールし、調和を保つべきではあるが、その一方で完全に抑圧してしまうことがないように注意する必要もある。たとえば食べ物の場合、あまりに過激なダイエットを行うと、心にも体にも悪い影響が出る。それはセックスも同じであり、完全な禁欲は避けるべきだ。

つまりそれは、正常なライフスタイルを身につけていれば、セクシュアリティも正しい形で表現されるということだ。神経症は不均衡なライフスタイルから生まれるのであり、ただ抑圧された性を解放して自由に表現すれば治るというわけではない。抑圧されたリビドーが神経症の原因であるという考え方が広く信じられているが、それは間違いだ。むしろその逆であり、人は神経症になると、性を正しく表現できなくなるのである。

たとえばある人は、もっと自分の性衝動を解放するように忠告され、その通りに実行していたが、結局は症状がさらに悪化してしまった。精神を病んでいる人は、社会的に有益な目的に向けて自分のセクシュアリティを活用することができないからだ。そして神経症を治すことができるのは、社会的に有益な目的だけだ。自分の性衝動を自由に表現するだけでは、神経症を治すことはできない。神経症はライフスタイルから生まれた病気であり、ライフスタイルを正さなければ、神経症も完治しないのである。

以上のようなことは、個人心理学者にとってはすべて自明の理だ。そのため私たちは、性に関する問題を解決できるのは幸せな結婚生活だけだと断言できる。神経症の患者はこの解決策を好まない。なぜなら彼らは臆病で、社会生活への準備ができていないからだ。同様に、性的に過剰な人、複数の配偶者を持とうとする人、正式に結婚する前から同棲する人も、性の問題を正しい社会性で解決することから逃げていると言える。彼らは辛抱強さがないために、正式に夫と妻となって互いの利益を尊重する関係になり、その関係を基盤に社会適応の課題を達成するまで待てないのだ。そして、正式な結婚以外の新しい形で、人生の課題から逃げることを夢想する。しかしながら、ときにはもっとも困難な道がいちばんの近道になるのである。

13章

結論

そろそろ私たちの研究のまとめに入ろう。ここに躊躇なく断言するが、個人心理学のメソッドは、すべて劣等の問題から始まり、劣等の問題で終わっている。

すでに見たように、人は「劣っている」という感情があるために、成功に向けて努力することができる。しかしその一方で、劣等感はあらゆる精神的な問題の原因にもなる。優越に向けての正しい目的を見つけられずにいると、劣等コンプレックスが生まれることになるのだ。劣等コンプレックスが「逃げたい」という欲求につながり、そしてこの欲求は優越コンプレックスの形で表現される。優越コンプレックスとはすなわち、ただの虚栄心であり、人生の無益な側面に向かわせる目的にすぎない。優越コンプレックスで得られるのは、偽物の満足であり、偽物の成功だ。

これが人間心理の働きだ。さらに具体的に言うなら、精神の働きに問題が起こる時期には注意する必要がある。時期によって、問題が引き起こす害の大きさが変わるからだ。人間のライフスタイルは、幼少期に形作られた性格の傾向によって決まっている。すでに見たように、四歳か五歳までに形成される人格の原型のことだ。そのため、健全な精神を身につけるには、幼少期の環境がカギになる。

それでは、幼少期にはどのような指導を行えばいいのだろうか。すでに見たように、指導の第一の目的は、適切な共同体感覚を育てることだ。健全で有益な目的は、共同体感覚から生まれてくる。社会性を身につけ、社会に適応できるような指導を行えば、誰もが持っている劣等感を正しく活用し、劣等コンプレックスや優越コンプレックスに姿を変えるのを防ぐことができる。

社会に適応することは、劣等という問題と表裏一体だ。一人の個人は弱く、劣っているために、人間は社会を作るのである。つまり共同体感覚と社会的な協力は、個人を救済する役割を果たしているのだ。

解説

アドラーとその仕事について

アルフレッド・アドラー博士が唱える心理学は、手法としては科学的であり、包括的だが、その本質は人間をそれぞれ独自の人格を持つ個人としてとらえる研究だ。そのため、アドラー心理学は「個人心理学」とも呼ばれている。この心理学の研究対象は、確固とした個性を備えた本物の人間であり、そのため、私たちが実際に会うことのある男性や女性、子供たちから学ぶのが唯一の方法になる。

アドラー心理学が現代の心理学にもたらした真の功績は、あらゆる魂の活動は個に貢献するために存在し、人間は自らの能力と情熱のすべてをある一つの目的のために使うと解明したことだ。私たちはそのおかげで、人間の理想、困難、努力、落胆を理解することができる。ある一人の人間の生き生きとした全体像を手に入れることができるのだ。そしてこのような統合的なアプローチのおかげで、ある種の「最終結論」のようなものに到達できる（ただし、これは基礎理論の最終結論であるということは理解しておかなければならない）。ここまで厳格で、しかも「人間」というとらえどころのない対象を研究するのに適した柔軟性を備えた手法は、アドラー以前に存在しなかっただろう。

そもそもアドラーは、科学だけでなく知性そのものまでも、人類の共同努力の産物であると考えていた。そのため私たちも、アドラーの功績をもっと大きなものとして捉える必要があるだろう。アドラー心理学を研究する古今の学者たちによる評価だけでは、その全体像はつかみきれない。そこでここでは、いわゆる「精神分析運動」との関係からアドラーを考えてみたい。まずは簡単ではあるが、精神分析運動のきっかけとなった哲学についてざっとおさらいしておこう。

いわゆる「無意識」は生物学的な記憶であるというのは、現代心理学において一般的な考え方だ。しかし、ヒステリー研究から出発したフロイトは、性生活における成功と失敗の記憶がもっとも重要なもの、あるいは唯一の重要なものであると考えていた。そして天才的な精神科医であるユングは、このあまりにも狭い考え方を広げるために、超個人的(普遍的)、または人類に共通する記憶という概念を探るようになる。ユングによると、この種の普遍的な記憶は性の記憶と同等の力を持ち、人生においてより高い価値があるからだ。

そこにアルフレッド・アドラーが登場する。広い知識と経験を持つ医師であるアドラーは、無意識という概念を、生物学的な現実とより強固に結びつけようとした。アドラー自身も精神分析を学んでいたので、記憶を分析するという手法を用いた治療で大きな成果を上げ、患者の病んだ心を解きほぐし、明晰さと客観性をもたらしてきた。しかし彼の考えでは、記憶の構造は人によって異なる。すべての人が、ある一つの共通する動機(たとえば「性」)によって、無意識の記憶を作っているわけではないということだ。すべての人が、それぞれ自分なりのやり方で経験を選んでいる。その選択の基準は何だろうか。アドラーによると、それはつまるところ生物的な「欲求」だ。人にはそれぞれ何らかの劣等感があり、その劣等感を埋めたいという欲求が動機になっている。それはまるで、すべての魂に物質的な現実世界があり、私たちはその世界の欠陥を埋めるために身を削る思いで努力しているかのようだ。

つまり、人間という小さな存在の全人生は、何らかの方法で簡単に偉大さを達成しようとして格闘する道のりであると言えるかもしれない。耳の聞こえない人が、聞こえないという事実の埋め合わせを求めるようなものだ。もちろん、実際はそんなに簡単な話ではない。欠陥があることをきっかけにまったく新しい思想が生まれるかもしれないし、また人生には、本物の欠陥だけでなく空想の欠陥や苦悩も存在するからだ。とはいえ、それでも基本的なところは変わらないだろう

性の問題は、人生のすべてを決めているわけではないが、それでもより重要な欲求の枠組みには完璧に当てはまる。というのも、性生活は何よりもまず感情のコントロール下にあり、そして感情はその人の全人生によって形作られているからだ。つまり、フロイト的な精神分析でわかるのは、ある人の性生活の「結果」であり、その意味でしか本物の「診断」とはみなされないのである。

現在、心理学は歴史上初めて生物学的な根拠を持つようになった。魂の傾向、魂の発達は、そもそも生物学的な欠陥、または劣等を埋め合わせようという努力にコントロールされている。生物に見られる例外的な気質、または特異な気質は、すべてそのようにして生まれるのだ。この原則は人間だけでなく動物にも当てはまる。もしかしたら植物にも当てはまるかもしれない。ある種族に特有の性質は、欠陥や劣等から生まれたものであり、欠陥を埋め合わせる行動や成長、構造によって、環境に適応してきた。

この「埋め合わせる」という考え方は、生物学の世界では昔から存在する。体のどこかの部分が損傷すると、失われた機能を埋め合わせるために他の部分が発達することは、以前から知られていた。たとえば、腎臓の一つが機能しなくなったら、もう一つの腎臓が通常よりも発達し、二つ分の機能を果たすようになる。心臓の弁が漏れるようになったら、心臓全体が大きくなって故障した弁の働きを補おうとする。または神経組織が破壊されたら、近くにあるまったく別の組織が神経組織の働きをするようになる。このような欠陥を補完するような形の発達は、他にも数え切れないほどの例が知られている。しかし、この現象を生物学から心理学に持ち込み、基礎的な理論として採用したのは、アドラー博士が初めてだった。

アドラーは、専門の医師たちだけでなく、一般の人、とりわけ教師たちに、自身の「個人心理学」を学ぶことをすすめている。広く一般の人も心理学の知識を身につけるべきであり、現代心理学は病んだ精神の研究ばかりしている不健全な学問であるという世論に対抗しなければならない。たしかに精神分析という手法は、現代社会に蔓延する闇や悪を暴き出してきた。しかし、今大切なのは、その闇や悪を分析することではなく、そういった人類の間違いから学ぶことだ。私たちは、まるで人間の魂など存在しないかのようにふるまって生きてきた。心の問題を無視したままで、文明を築けると信じてきた。アドラーが提案しているのは、病んだ精神を研究することではない。彼自身が礎を築いた前向きで科学的な心理学を活用して、社会と文化を実際に変えていくことを彼は提案している。しかし、私たちが真実を恐れているかぎり、これを実現するのは不可能だ。人生の正しい目的を認識することは生きていくうえで不可欠であり、それを達成するには、まず自分たちの過ちを理解しなければならない。不都合な事実からは目を背けたいと思うかもしれない。しかし、人生をきちんと見つめれば、人生のつまずきの原因になっている間違いの正体がよりはっきりと見えるようになる。光がなければ影ができないのと同じことだ。

前向きで、人生の役に立つ心理学は、心理的な現象だけを見ていては生まれない。精神の病理だけを見ていてはなおさら無理だろう。それには大元になる原則が必要であり、アドラーはそこで恐れをなしたりはせず、私たちが暮らす共同体に、ある種の論理を打ち立てようとした。まるでそれが、絶対的に正当な哲学であるかのように。

この原則を理解するには、この原則との関係という観点から個人の心理を判断しなければならない。個人の内的生活が、共同体とどのように関係しているかということは、「人生の三大課題」を基準に見ることができる。アドラーの言う「人生の三大課題」とは、人間が人生で向き合う課題であり、社会、仕事、愛の三つがその課題だ。

社会全体に対してどのような感情を抱いているかによって、その人がどのくらいの「社会的勇気」を持っているかがわかる。自分が劣っているという感情は、いつでも社会に対する恐怖や不安という形で現れる。それが外向きに表現されると、「おどおどしている」、「反抗的」、「消極的」、「極度の不安」などの態度になる。疑り深い、攻撃的といった性格、漠然とした警戒心、社会から身を隠したいという欲求などは、その人物の社会生活に影響を与える場合、すべて現実逃避の傾向につながり、自己肯定感を持つことの妨げになる。

社会に対する理想的な態度、またはむしろ正常な態度とは、人間は平等であるという前提を当たり前に受け入れることだ。たとえそこに地位や立場の違いがあっても、平等であるという気持に変化はない。社会的勇気とは、この「自分は共同体の一員である」という完全な安心感の上になりたっているのだ。そしてこの感覚を持つには、まず自分の人生に調和が保たれていなければならない。隣人や、自分が属する地域社会や国家、それに他の国の人たちへの感情（新聞でそういった対象について読んだときの反応までも含まれる）を観察すれば、その人の魂がどれだけ安定しているかがわかる。

仕事への態度は、この共同体の中での安心感と密接に関係している。人は職業を通して社会の中で地位を築き、職業を通して社会のニーズに応えなければならない。もし「社会から疎外されている」という感覚が強すぎると、自分の価値が認められることはないと思い込み、認められるために努力することさえなくなるだろう。ただ無難にやり過ごすことだけを求め、お金のためだけに、または何らかの利益のためだけに働き、「社会のために本当に役に立ちたい」という気持を抑えつけることになる。そのため、自分にできる最高の力を発揮することも、社会から最高のものを要求することも恐れるようになるだろう。そんなことをしても無駄だと思っているからだ。または、経済活動には参加せず、社会の片隅にひっそりと身を隠し、お金とか、人の役に立つといったことを考えず、ただ自分の好きなことだけをしたいと思うようになるかもしれない。いずれにせよ、その人が最高の力を発揮しないことで損をするのは社会だけではない。本人もまた、社会の中で居場所や地位を確立していないために、大きな不満を抱えることになる。現代社会には、自分の仕事に葛藤を抱えている人がたくさんいる。社会的に成功していても、成功していなくても、それは同じだ。彼らは自分の仕事に不満を持ち、社会や経済情勢を責める。たしかに彼らの言い分にも一理あるかもしれない。しかし、彼ら自身も勇気が足りないために、経済生活で最高のものを手に入れるための努力をしてこなかったというのもまた事実だ。自分の真価を発揮することを恐れているか、または、社会が自分に要求する役割を軽蔑しているのだ。そこで彼らは、利己的に自分の利益を追い求める。社会を欺くことさえあるかもしれない。もちろん、本気で社会に貢献しようとしている個人がたびたび大きな抵抗にあうのは間違いであり、その点では社会の構造に問題があると認識しなければならない。しかし、最善を尽くすために格闘するということは、社会の利益になるだけでなく、格闘する個人にとっても必要なものなのだ。困難を乗り越えたという何らかの勝利の感覚がなければ、休暇を楽しむことはできないだろう。

そして「人生の三大課題」の三つ目は、人生の恋愛面を司る「愛」だ。これまでに登場した「社会」と「仕事」への態度が正常であれば、この「愛」への態度も自然と正常な状態になる。愛が正常な状態にない場合は、他の二つと連携しながら正していかなければならない。社会との関係や仕事なら改善方法もわかるが、個人的なセックスの問題だけを考えるのは、間違いなく状況の悪化につながるだろう。というのも、ここで大事なのは原因ではなく結果だからだ。社会参加に失敗した人、または仕事がうまくいっていない人は、性生活でその埋め合わせをしようとする。実際のところ、あらゆる性的な奇行は、それが性を疎外することであって、パートナーを虐げることであっても、すべてこれで説明できる。友情もまた、恋愛にとって欠かせない要素だ。初期の精神分析医たちは、友情は性的欲求が昇華した形であると考えていたが、ここではそういう意味で言っているのではない。むしろ正反対の意味だ。性的な強迫観念（制御の難しい心的要因としてのセックス）とは、適切な友情におけるお互いに活力を与えるような親密さに対する、不健全な代償だと言えるだろう。そして同性愛は、例外なく「愛せない」ことの結果である。

多くの詩人たちの言葉を読めばわかるように、五感による知覚の意味や価値もまた、恋愛や性生活と密接に関係している。たとえば、自然を前にしたときの感情、海や山を美しいと思うこと、形、音、色に感嘆すること、嵐や暗闇の中で自信を保てることは、すべて「恋人」としての自信と密接につながっている。つまり、芸術や文化を理解するということは、究極的に、社会的勇気と知的有用性から生まれているのである。

ここで忘れてはならないのは、共同体感覚は苦労して生み出すものではないということだ。自我と同じで、生まれながらに自然に持っているものであり、そして人生の原則と同じように優先的に扱われるものだ。共同体感覚は、作り出すものではない。抑圧された共同体感覚を解放するのが私たちの役割だ。共同体感覚を持つことは、生きていくうえで欠かせない原則である。たとえ共同体感覚がなくても、バスの運転手や鉄道員、牛乳配達員の仕事が今と同じ質で維持できると思うなら、その人はかなり神経質になって他人の仕事を評価しなければならなくなる。そのような状態を阻止しているのは、ありていに言ってしまえば、人間という存在の大いなるうぬぼれだ。そのうぬぼれは目立たない存在であるために、アドラー以前に指摘した心理学者はいなかった（ただし少数の芸術家は、それが偏在していることを見抜いてはいたが）。偉大な人々は言うに及ばず、単なる市井の人々であっても、天界から堕ちた大天使と同じくらい大きな野心を持っている。劣等感のせいで生きづらさを感じている人は、神のごとく偉大なものを夢想する。その夢想がどんどん大きくなり、この世界を支配することにとどまらず、むしろまったく新しい世界を創造し、その世界で神のごとく君臨することを要求するようになる。この人間の本質を解き明かすことができたのは、実際的な野心を研究したおかげではない（たとえそれがナポレオンのように大それた野心であっても）。カギになったのは、むしろ受動的な抵抗、先延ばし、仮病といった態度のほうだ。なぜなら、そのような態度は、「自分はこの世界を支配できない」ということを自覚していることの現れであるからだ。たとえどんなに自分にとって不利益になろうとも、現実から逃避し、狭い世界で王様になろうとする。あるいは現実世界のほうが、自分がいなくなってしまったために、いつか自分に合わせて小さくなるかもしれないという理不尽な思い込みまである（原注）。

そこで、こんな疑問が浮かんでくる。このような途方もないうぬぼれを持つわれわれ人間は、いったいどのようにふるまえばいいのだろうか？　自分が奇跡的な例外であるというような勘違いをして、さらにうぬぼれを大きくするのは避けるにはどうすればいいのだろうか？　アドラーの答えは、すべての経験に対して「ハーフ・アンド・ハーフ」という態度を保つことだ。つまり、社会や世界、または目の前にいる人に対する「正常な関わり方」とは、「どちらも同じだけ正しい」と考えることなのだ。自分の価値を下げる必要はないし、自分以外のものの価値を下げる必要もない。どちらも「正しさ」のうちの半分であり、自分の現実も、それ以外の現実も、同じように認める。この原則が当てはまるのは、他の人間と関わるときだけではない。天気の悪い日や、自分の手に入らない休暇や贅沢に対する心の持ちようにも当てはまる。目の前でバスが出てしまったといったときもそれは同じだ。

正しく理解すれば、これは単に自分を卑下しているのではない。むしろ自分の価値を大いに認め、自分以外のすべての創造物と、まったく同等の現実と全能性を要求するということだ。それ以下で満足するのは、間違った謙遜である。なぜなら、自分以外の存在と関わるときは、自分の現実が、相手の現実の性質も決めるという結果になるからだ。だから人は、どんな経験であっても、自分に割り当てられた「半分」の役割をきちんと果たさなければならない。

この態度を保つのが特に難しいのは、仕事を相手にしたときだ。仕事の世界では、普段の社会生活に比べ、むき出しの現実に直面する機会が多くなる。たしかに、自分自身の目的と、無秩序な現実世界が、同じくらい正当であると考えるのはほぼ不可能だろう。そう考えると、ただそこにあるだけの周りの状況までも、自分の問題であり、自分の責任だということになってしまう。分業というシステムは、たしかにそれ自体は論理的で役に立つが、人間にとっては、まったくのでたらめである誇大妄想を抱く原因になっている。世界は不平等で、差別と不正がはびこっていると信じ込むことで、この無秩序な経済状況を納得しようとしているのだ。このような狂った状態では、どんなに優秀な人であっても、粘り強く反対の声を上げるのが難しくなる。ありのままの現実を正しく認識し、その改革のために努力することができないのだ。自分の中で言い訳をこしらえ、不本意ながらもこの無秩序な状態を受け入れてしまいたいという誘惑に駆られる。または本当の問題から目をそらし、表面的な解決策だけでお茶を濁そうとする。そしてときには、仕事とは本質的に汚れたものであるとみなすだろう。このような態度でいると、人は傲慢になり、ついには平気で悪事を働いたりするようになる。ここでの正しい道は、労働者として同じように苦しい立場にある人たちと連帯し、自分たちの仕事の大切さを訴え、状況改善を求めていくことなのだが、それに気づく人はめったにいない。とはいえ、人間が「労働者」という自分の役割と真に和解するには、そうするしかないのだ。表面的な労働条件のことばかり不平を言っていても、人生全体における労働のあり方という大きな問題は解決されないままであり、この無秩序な個人主義も放置される。アドラーの個人心理学によると、どんな職業であろうとも、仕事において仲間意識、友情、社会的連帯を発揮することは人間の義務であり、それを行いたくないというのなら自らの精神状態を疑わなければならない。もちろん、今日の仕事を取り巻く環境を考えれば、これはとてつもなく難しいことだ。また、さらに肝心なのは、私たちは統合に向けて努力しなければならないということだ。というのも、仕事を通して自分の全存在を表現することを目指さないかぎり、仕事によって精神が解放されることは不可能だからだ。また人間は、仕事において行動の自由だけでなく、目的を決める自由も手にしなければならない。仕事人生における「ハーフ・アンド・ハーフ」とは、現実を認識するのと同時に、現実的な手法でその現実と対抗するということだ。そして現実的な手法とは、他者と協力することである。

個人心理学の原則はたしかにどこまでも正しいのだが、この「連帯する」という行動なくしてはまったく意味を失ってしまう。仕事における個人の義務についてこれまで述べてきたことは、大きな意味での社会の中での役割にも当てはまる。社会の中での役割とは、国家や、より広い意味での人間社会に積極的に参加することであり、もちろん家族の活動に参加することでもある。社会とは「人類の議会」であり、この議会に休暇はなく、この議会の決定には最終的にすべての議員が従わなければならない。この議会は人間社会のいたるところに存在する。すべての人が発言し、すべての人が顔を合わせる。それは礼儀正しい話し合いになるかもしれないし、言い争いになるかもしれない。知的な会話になるかもしれないし、愚かな会話になるかもしれない。それでも話し合うことは大切だ。この大きな議会がさらに結束し、誰にでも理解できるような話し合いを行っていかなければならない。なぜなら、人は誰でも、他者という存在がなければ、自分の存在を確認することができないからだ。話し合いが平和的に行われていれば、すべての人の人生が向上する。誰もが健康で豊かになり、教育と芸術も盛んになる。話し合いが行われないときや、不信感が充満しているときは、仕事は失敗し、人々は飢え、子供たちは苦しむことになる。激しい争いが起こると、多くの死人が出る。議会が下す命令は、それが人を生かすものであっても殺すものであっても、または人を成長させるものであっても衰退させるものであっても、すべて私たち自身の他者に対する態度から生まれている。人生で出会うすべての男性、女性、そして子供たちへの態度から生まれているのだ。

すべての人間はつながっていて、そして誰もが他者に対して責任を持っている――この事実を前にしたときに、複雑な精神を持った個人についてはどう考えればいいのだろう。神経症を患うというのは、ただ単に興味の対象が狭くなっているだけなのではないだろうか。自分のことばかり考えている状態でしかないのではないだろうか。神経症とは、他者という存在を軽視した結果である。自分の目的や、自分の存在価値のことばかり考え、他者にも同じように目的や価値があるということを認めていない。その結果、より大きな世界への興味を失っている状態だ。とはいえ皮肉なことに、神経症の人は、自分や他者を救うための大きな計画を持っていることが多い。自分が孤独であることや、人間社会の中で役に立っていないことを自覚するだけの知性は備わっているので、それを埋め合わせるために、空想の世界では役に立つヒーローになっているのだ。その人物は、教育改革を目指しているかもしれないし、戦争をなくす方法を考えているかもしれない。または、全人類が連帯する方法を考えているかもしれないし、新しい文化を創造しようとしているのかもしれない。そのために実際に行動を起こしている人だっているかもしれない。もちろんその人物は、現実の社会や他者と没交渉であるために、目的を達成できずに終わるだろう。その人物の態度はまるで、完全に社会の外に立ちながら、何かの魔法を使って社会を思い通りに動かそうとしているかのようだ。

特に現代の都市生活においては、情報ばかりが発達しているために、社会から孤立している神経症の人間でも空想の世界で社会参加を果たすことができる。誰もが世の中を救う自分を勝手に夢想し、その結果は、互いに口をきくこともない自称「救済者」ばかりが存在するばらばらの社会ということになる。

もちろん、本当に必要なのはそんなものではない。なにも個人が救世主を目指すのは間違いだというわけではない。人類全体の未来のために、すべての人が責任を負わなければならないのは事実だからだ。ここで大切なのは、自分にはどれくらい社会を救う力があるのかを客観的に知ることだ。身近な人間関係と、実際の自分の仕事を、まるで世界でいちばん大切であるかのように扱わなければならない。なぜなら、本当にそこまで大切なものであるからだ。個人にとっては、その二つが世界のすべてである。もし、人間関係と仕事がうまくいっていないのなら、それは私たち自身が、日々の生活でそれらを世界でいちばん大切なものとして扱っていないからだ。もちろんときには大切に扱うこともあるだろうが、たいていは世界のことまで考えず、あくまで個人的な範囲でしか考えていない。

このように、現代人には興味の対象を狭めるという傾向がある。そして狭い世界しか見ていないので、自分のこの傾向に気づいて治すこともない。つまり、個人の力だけではどうにもならないということだ。他者という存在を相手に、まったく新しい対話を行わなければならない。身の回りの出来事が世界でもっとも重要であるという考えで生きていると、たいていは自分の中からも抵抗が生まれ、外側の環境との間にも問題が起こることになる。本人はその抵抗や問題をすぐには理解できず、他の人たちも、まったく同じ経験をしているのでないかぎり、推し量ることはできない。そのため、個人心理学を実践する者は、互いに相手のことを精査する必要がある。それぞれが自分の全人格を他者から評価されるということだ。すべての神経症は間違った個人主義から生まれており、個人心理学はその間違いを正すことを目指している。そのため、簡単に始められるものではない。とはいえ、個人心理学が成功しなければ、精神分析という手法にも未来はない。精神分析という手法が、診察室の外に出て、人々の人生全般に影響を及ぼすようになるには、個人心理学に頼るしかないのである。

ウィーンでは、それを目指すグループが、教育の場ですでに活動を始めている。医師と教師が協力して、いくつかの学校で教育のあり方に革命を起こした。生徒と教師を平等に扱い、またすべての生徒を平等に扱ったのだ。その結果、生徒の犯罪傾向や、やる気のなさ、怠慢などが改善された。競争を排除し、勇気づけを積極的に行うと、生徒も教師もエネルギーが向上する結果になった。そして学校で起こった変化は、それぞれの家庭生活にも影響を与えることになる。そのようなグループの介入を必要としている分野は教育だけではない。たとえばビジネスと政治は、現代社会の行き詰まりからもっとも大きな影響を受けている分野であり、活気を取り戻すためには、人間の本質に対する知識が必要になる。アルフレッド・アドラーが国際個人心理学会を設立したのは、人間の日々の生活に新しいエネルギーを送り込み、改善していくためだ。このような人間の行動を研究するという行為は、月並みな道徳と誤解されそうだが、実際は厳密な科学であり、信頼できる結果を生み出している。アドラーは、個人の問題を社会と切り離すことはできないと見抜いていた。さらには、人生の調和は健康につながるということをはっきりと証明した。その点でアドラーに比肩しうる存在は、古代中国の偉大な思想家たちだけだ。現代の欧米社会がその教えを受け入れることができるなら、アドラーはいずれ「西洋の孔子」として知られることになるだろう。

フィリップ・メレ

（作家・ジャーナリスト。アドラー心理学に造詣が深い）

原注　話が大げさすぎると思うなら、カルト教団などの狂信的な小集団を思い出してもらいたい。彼らはたいてい、世界の終わりを信じている。自分たちが逃げてきた世界、どうしても変化させたいと願っている世界がついに崩壊し、そして自分たちだけが生き残ることができると信じている。

［著者プロフィール］
アルフレッド・アドラー　Alfred Adler
精神科医。1870 年にオーストリアに生まれ、幼少時に大病を患った経験から医者を志す。医者となり、フロイトのもとで精神分析の研究を行うが、のちにフロイトを離れ、「個人心理学」を創始。また、児童相談所を設立し、子供の精神的な健康の問題に取り組むなど、実践的な心療活動を行う。やがてナチスが台頭すると、1935 年、アメリカに移住し、精力的な研究・教育活動を続けるが、1937 年、ヨーロッパ講演旅行の途上、イギリスにて没する。

［訳者プロフィール］
桜田直美　さくらだなおみ
翻訳家。早稲田大学第一文学部卒。訳書に、『自信がない人は一流になれる』(PHP 研究所)、『10%HAPPIER』(大和書房)、『こうして、思考は現実になる』(サンマーク出版)、『できる人の仕事のしかた』『できる人の人生のルール』『アンシアの英国式お片づけとおそうじの本』(ディスカヴァー)など多数。

生きるために大切なこと

2016年9月29日　第1版第1刷発行
2024年6月25日　第1版第6刷発行

著　者　アルフレッド・アドラー
訳　者　桜田直美
発行人　宮下研一
発行所　株式会社方丈社
〒101-0051
東京都千代田区神田神保町1-32　星野ビル2F
Tel.03-3518-2272／Fax.03-3518-2273
https://www.hojosha.co.jp/
装丁デザイン　ランドフィッシュ
印刷所　中央精版印刷株式会社

The Science of Living by Alfred Adler
First Published in 1929 by Georg Allen & Unwin, Ltd.

ISBN978-4-908925-00-9